光明社科文库
GUANGMING DAILY PRESS:
A SOCIAL SCIENCE SERIES

·经济与管理书系·

北京"四个中心"建设及其协同发展

原 珂 | 著

光明日报出版社

图书在版编目（CIP）数据

北京"四个中心"建设及其协同发展 / 原珂著. --
北京：光明日报出版社，2022.12
ISBN 978-7-5194-7066-1

Ⅰ.①北… Ⅱ.①原… Ⅲ.①区域经济发展—研究—
北京 Ⅳ.①F127.1

中国版本图书馆 CIP 数据核字（2022）第 253721 号

北京"四个中心"建设及其协同发展
BEIJING "SI GE ZHONGXIN" JIANSHE JI QI XIETONG FAZHAN

著　　者：原　珂	
责任编辑：鲍鹏飞	责任校对：李　兵
封面设计：中联华文	责任印制：曹　诤

出版发行：光明日报出版社
地　　址：北京市西城区永安路 106 号，100050
电　　话：010-63169890（咨询），010-63131930（邮购）
传　　真：010-63131930
网　　址：http://book.gmw.cn
E - mail：gmrbcbs@ gmw.cn
法律顾问：北京市兰台律师事务所龚柳方律师
印　　刷：三河市华东印刷有限公司
装　　订：三河市华东印刷有限公司
本书如有破损、缺页、装订错误，请与本社联系调换，电话：010-63131930

开　　本：170mm×240mm	
字　　数：115 千字	印　　张：10
版　　次：2023 年 4 月第 1 版	印　　次：2023 年 4 月第 1 次印刷
书　　号：ISBN 978-7-5194-7066-1	
定　　价：85.00 元	

版权所有　　翻印必究

前　言

建设和管理好首都，是国家治理体系和治理能力现代化的重要内容。党的十八大以来，习近平总书记10次亲临北京视察，18次就北京建设与发展问题专门发表重要讲话，特别是围绕"建设一个什么样的首都，怎样建设首都"这个重大时代课题多次提出重要指示。其中，习近平总书记对北京全国政治中心、全国文化中心、国际交往中心和国际科技创新中心"四个中心"城市战略定位提出明确要求，寄予殷切期望。诚然，伴随着中国特色社会主义进入新时代，北京的发展与党和国家的使命更加紧密地联系在一起，要自觉肩负起首都的职责和使命，以首善标准加强"四个中心"功能建设，做好"四个服务"，建设伟大社会主义祖国的首都、迈向中华民族伟大复兴的大国首都、国际一流的和谐宜居之都。同时，根据《北京城市总体规划（2016年—2035年）》要求，"北京的一切工作必须坚持全国政治中心、文化中心、国际交往中心、科技创新中心的城市战略定位，履行为中央党政军领导机关工作服务，为国家国际交往服务，为科技和教育发展服务，为改善人民群众生活服务的基本职责"。在此大背景下，加快开展北京"四个中心"建设及其协同推进战略研究，意义重大且影响深远。

新时代北京"四个中心"建设及其协同推进战略研究是以习近平新时代中国特色社会主义思想为指导，全面落实《北京城市总体规划（2016年—2035年）》和《北京市国民经济和社会发展第十四个五年规划和二〇三五年远景目标纲要》精神，优化提升"四个中心"功能的重要课题。本研究对此进行了系统性、专业化的探究。整体来说，本书共由七个部分构成。

第一部分为绪论，首先探讨了研究北京"四个中心"建设及其协同发展的时代背景和现实意义，其次通过对国内外相关研究的文献综述，提出本研究的核心议题，并对其理论支撑和核心概念进行了说明，最后阐释了本研究的思路与具体研究方法，如遵循"提出问题—分析问题—解决问题"的逻辑思路，采用理论推演法、深度访谈法、案例分析法和比较分析法等对本议题进行系统研究。本研究的现实意义主要有以下三个方面：一是加快推进北京"四个中心"建设，既是全面贯彻落实党的二十大精神，也是新时代首都高质量发展的主要动力源，更是百年未有之世界大变局下的首都北京再定位、再出发；二是加快推进北京"四个中心"建设，是深化新时代中国对外开放国策的重要环节和推动北京形成全面开放新格局的重要举措；三是加快推进北京"四个中心"建设，为有效疏解北京非首都功能和北京"十四五"规划落地提供战略支撑。

第二部分主要探讨了北京"四个中心"建设的发展历程及脉络传承，并在对"四个中心"具体内涵阐释的基础上进一步厘清"四个中心"之间的关系，提出"一个根本，三个重要"的建设关系，即全国政治中心是根本和核心，引领其他"三个中心"发展。

其中全国文化中心是重要载体，国际交往中心是重要窗口，国际科技创新中心是重要引擎和经济支撑。在"一个根本"的政治引领下，四个中心，四种精彩，最终汇聚成一个国际一流的和谐宜居之都——北京。

第三部分重点探讨了全国政治中心建设。首先系统阐释了国家政治中心及首都政治功能的时代新内涵，其次论证了首都北京建设全国政治中心的优势，最后结合北京实际提出新时代全国政治中心建设的推进路径：一是牢固树立政治安全意识，强化首都功能核心区的政治安全与服务保障；二是全面创新城市政治安全举措，确保全国政治中心建设顺利推进；三是确保国家重要政务活动高效顺利开展，不断提升政治中心国际影响力；四是筑牢城市安全红线，持续提升城市生命线系统；五是营造良好政治生态，为全国政治中心建设赋能。

第四部分重点探讨了全国文化中心建设。首先简要阐释了全国文化中心概念及其内涵，其次梳理了北京作为全国文化中心建设的历史进程及脉络传承，再次系统分析了全国文化中心建设的作用与功能，最后结合北京实际提出新时代全国文化中心建设的主要进路：一是高瞻远瞩：集中做好首都文化这篇大文章；二是顶层设计：充分发挥党政引领作用，加强立法保障；三是平台搭建：努力搭建多层次的文化资源交流平台；四是体系构建：深化公共文化服务体系建设，统筹整合文化资源；五是文化自信：积极培育高度的文化自觉和自信；六是教育支撑：充分发挥教育的关键支撑与辐射带动作用；七是文化与创新：坚持文化创新，营造创新文化。

第五部分重点探讨了国际交往中心建设。首先系统探究了国际交往中心及其内涵，其次论述了北京建设国际交往中心的现实基础，如在服务保障国家重大外交外事活动常态化、国际高端资源加速集聚、开放型经济发展水平进一步提升、科技文化交流日益活跃、多领域对外交流深入开展等方面取得的成效，最后结合北京实际，提出新时代建设国际交往中心的主要路径：一是坚持习近平新时代中国特色社会主义外交思想，积极主动服务国家外交战略；二是抓好"软硬件"建设，优化国际交往功能体系、空间格局和政策体系；三是充分借助重大事件的影响，做好国际交往中心城市形象宣传与推动；四是积极调动全市民众参与热情，创建国际"类海外"一流宜居城市；五是加快建立一支复合型外事人才队伍，汇聚国际人才人力资源。

第六部分重点探讨了国际科技创新中心建设。首先系统论述了北京科技创新中心的由来及演变历程，其次阐释了国际科技创新中心的概念及其内涵，再次结合北京实际探究了其建设国际科技创新中心的主要优势，包括科技、人才、教育、产业等优势，最后在此基础上提出新时代北京国际科技创新中心建设的推进进路：一是明晰愿景，践行使命：新时代国际科技创新中心建设的战略旨向；二是守正创新，顶层设计：发挥新型举国体制优势，打造国家战略科技力量；三是协同推进，形成合力：强化政企校联动，深化产学研一体化发展；四是融合发展，内生驱动：推动科技与经济、产业的深度融合与联动发展；五是区域协同，联动发展：深化京津冀区域协同，着力构建首都创新圈；六是科技赋能，引领潮流：率先探索建设北京区块链科技创新高地；七是智库助力，提升软实力：加强科创智库建设，助力国际科创中心发展；八是优势主导，各有侧重：推进"三城一区"统筹发展形成优势合力。

第七部分在上述论述基础上,从协同治理视角出发系统提出北京"四个中心"建设的协同推进路径：一是深化政治引领战略,充分发挥党和政府的领导协调作用；二是深化文化载体与政治、科技及国际交往中心的融合创新发展；三是深化科创引擎与国际交往中心建设的互促战略；四是深化教育作为"四个中心"协同推进战略支撑点；五是深化"四位一体"战略下的系统性、整体性、协同性推进。

总之,作为大国首都,北京不仅是全国政治中心、文化中心、国际交往中心和科技创新中心,也是京津冀协同发展战略打造世界级城市群的核心,还是建设雄安新区这一"千年大计、国家大事"的首要推动力,更是向世界展示中华文明与社会进步的重要平台。首都北京,作为首善之区,各方面工作在全国具有代表性、指向性,故应始终坚持强化担当精神,勇于开拓,把北京"四个中心"协同推进、同频共振的事情办好,把党和国家交予的历史使命圆满完成,为世界城市高质量内涵式发展提供中国方案和中国智慧。

目 录
CONTENTS

第一章 绪 论 ………………………………………………… **1**
  一、研究背景和意义 ……………………………………… 1
  二、文献回顾与研究进展 ………………………………… 7
  三、理论支撑与核心概念 ………………………………… 10
  四、研究思路和方法 ……………………………………… 14

第二章 北京"四个中心"建设及其关系 ……………… **17**
  一、"四个中心"缘起：北京城市功能演变与脉络传承…… 17
  二、"四个中心"及其内涵 ………………………………… 24
  三、北京"四个中心"建设的关系 ………………………… 29

第三章 全国政治中心建设 …………………………… **35**
  一、全国政治中心定位及内涵 …………………………… 35
  二、作为政治中心的首都北京及其建设优势 …………… 40
  三、全国政治中心建设的推进路径 ……………………… 42

第四章 全国文化中心建设 …… 53
一、全国文化中心及其内涵 …… 53
二、北京作为全国文化中心的历史进程 …… 55
三、全国文化中心的功能 …… 58
四、全国文化中心建设的主要进路 …… 61

第五章 国际交往中心建设 …… 77
一、国际交往中心定位及内涵 …… 77
二、北京国际交往中心建设的现实基础 …… 79
三、北京国际交往中心城市建设的主要路径 …… 81

第六章 国际科技创新中心建设 …… 94
一、科技创新中心由来及演变进程 …… 95
二、国际科技创新中心及内涵 …… 97
三、北京建设国际科技创新中心的主要优势 …… 99
四、新时代国际科技创新中心建设的推进进路 …… 103

第七章 新时代北京"四个中心"建设协同发展 …… 127
一、深化政治引领战略，充分发挥党和政府的领导协调作用 …… 127
二、深化文化载体与政治、科技及国际交往中心的融合创新发展 …… 130

三、深化科创引擎与国际交往中心建设的互促战略 ········ 133
四、深化教育作为"四个中心"协同推进战略支撑点 ····· 139
五、深化"四位一体"战略下的系统性、整体性、协同性推进
　 ·· 140

结　语 ··· 143

第一章

绪 论

一、研究背景和意义

（一）研究背景

建设和管理好首都①，是国家治理体系和治理能力现代化的重要内容。党的十八大以来，习近平总书记 10 次视察北京，18 次就北京建设与发展问题专门发表重要讲话。② 2014 年 2 月 25 日，习近平总书记在北京视察时提出要"努力把北京建设成为国际一流的和谐宜居之都"，为北京的发展指明了道路。2017 年 2 月 23—24 日，习近平总书记再度视察北京时强调，要深入思考"建设一个什

---

① 从概念辨析角度而言，北京与首都则有着不同的内涵范畴，前者主要是一个地域概念，后者除了地域内涵外，更多的是一个政治概念，为北京这一地域特征赋予了首都性质的内在禀赋。为突出北京所具有的政治属性，文中内容根据语境视情况采用"首都"的称谓，故特此说明。

② 这是习近平新时代中国特色社会主义思想的重要组成部分，为我们做好新时代首都工作指明了方向。首都工作每前进一步、京华大地的发展变化，都凝结着习近平总书记的亲切关怀和殷殷教诲。新征程上，我们要深入学习贯彻习近平总书记对北京一系列重要讲话精神，推动习近平新时代中国特色社会主义思想在京华大地落地生根，形成更多生动实践，更好满足人民群众对美好生活的需要。

么样的首都，怎样建设首都"这个问题，并提出疏解北京非首都功能是北京城市规划建设的"牛鼻子"，北京城市规划建设必须把握好"四个中心"战略定位、空间格局、要素配置，做到服务保障能力同城市战略定位相适应、人口资源环境同城市战略定位相协调、城市布局同城市战略定位相一致，不断朝着建设国际一流和谐宜居之都的目标前进。① 同年9月，中共中央、国务院批复的《北京城市总体规划（2016年—2035年）》② 中明确了北京的基本定位："北京是中华人民共和国的首都，是全国政治中心、文化中心、国际交往中心、科技创新中心"，并要求"北京的一切工作必须坚持全国政治中心、文化中心、国际交往中心、科技创新中心的城市战略定位，履行为中央党政军领导机关工作服务，为国家国际交往服务，为科技和教育发展服务，为改善人民群众生活服务的基本职责"。这不仅指明了北京未来的战略发展方向，而且对建设好、发展好首都进行了高端顶层设计，即要求北京立足"四个中心"功能定位，不断优化提升首都核心功能。2019年12月底，时任北京市委书记蔡奇在市委十二届十一次全会上明确提出2020年北京要重点抓好十个方面工作，其首要工作就是继续大力加强"四个中心"

---

① 习近平总书记这次视察中明确指出，疏解北京非首都功能是北京城市规划建设的"牛鼻子"，北京城市规划建设必须明确"四个中心"战略定位，即坚持和强化首都作为全国政治中心、文化中心、国际交往中心、科技创新中心的核心功能，深入实施人文北京、科技北京、绿色北京战略，努力把北京建设成为国际一流的和谐宜居之都。习近平北京考察工作：在建设首善之区上不断取得新成绩 [N]. 人民日报, 2014-02-27（01）. http://cpc.people.com.cn/n/2014/0227/c64094-24476753.html.

② 2017年9月获批的《北京城市总体规划（2016年—2035年）》是新中国成立以来北京第七个城市规划，这一规划发布于"两个一百年"奋斗目标的历史交汇期，具有十分重大的意义。

功能建设、不断提高"四个服务"水平，在更好服务党和国家工作大局的同时，让百姓更有获得感。2021年是国家"十四五"规划开局之年，亦是北京"十四五"规划起航之年，为此必须坚持立足"四个中心"建设，切实提高"四个服务"水平，努力建设国际一流的和谐宜居之都。

（二）研究意义

当前我们国家正处于经济社会转型深水区及城市高质量发展新阶段，城市发展面临着种种现实问题和困境，亟须加强前瞻性的研究。首都北京"四个中心"功能定位与建设及其协同推进战略，不仅是当代中国超大特大城市发展中的一个重要实践问题，而且是现代城市学研究中的一个重大理论问题，即首都城市发展与治理问题。

1. 理论意义

理论是行动的先导。系统探究与提炼首都城市发展与治理理论对新时代北京"四个中心"建设具有重要指导意义。

一是拓宽城市研究范畴，丰富城市发展理论内涵。通过对北京"四个中心"建设的研究，进一步拓展城市发展相关理论，丰富首都宜居城市、国际城市、世界城市等的理论内涵。

二是完善城市治理理论。针对北京"四个中心"建设的统筹推进与协同发展研究，进一步优化与完善新时代具有中国特色的超大特大城市治理理论。

三是为其他国家首都治理研究提供理论借鉴。北京作为国际化的首都城市，探究其功能战略定位能够为其他国家首都治理研究提供理论借鉴与中国样板。

2. 现实意义

中国特色社会主义进入新时代，北京的发展与党和国家的使命更加紧密地联系在一起，北京以首善标准加强"四个中心"功能建设和做好"四个服务"，是新时代新征程中对首都职责和使命的自觉肩负与有效推进。这不仅是决胜全面建成小康社会和全面建设社会主义现代化国家的重要内容、战略支撑，而且对实现"两个一百年"奋斗目标具有重大战略意义。

第一，加快推进北京"四个中心"建设，既是全面贯彻落实党的二十大精神，也是新时代首都高质量发展的主要动力源，更是百年未有之世界大变局下的首都北京再定位、再出发。一方面，党的十九大报告指出，我国经济已由高速增长阶段转向高质量发展阶段，正处在转变发展方式、优化经济结构、转换增长动力的攻关期，建设现代化经济体系是跨越关口的迫切要求和我国发展的战略目标。党的二十大报告进一步提出，要"加快构建新发展格局，着力推动高质量发展"。面对新时代、新形势、新要求，城市作为社会发展的重要载体，其现代化既是社会现代化的重要体现，也是社会现代化的重要推动力。为此，明确首都北京"四个中心"城市战略定位与功能建设，是新时代实现首都高质量发展的主要动力源。与此同时，中央赋予北京"四个中心"的城市战略定位，还是北京落实京津冀协同发展战略、雄安新区建设"千年大计"及全面实现城市高质量内涵式发展的关键举措。另一方面，"四个中心"建设亦是百年未有之世界大变局下的首都北京再定位、再出发。百年未有之世界大变局，是新时代北京建设"四个中心"的时代背景。2018年12月19—21日召开的中央经济工作会议指出，世界面临百年未有之大变局，变局中危和机同生并存，这给中华民族伟大复兴带来重大机遇。其一，当今全球力量格局面临重大调整，美国已经将我国作为重点战略竞争对手，即使中美经贸摩擦缓和，也不会改变长期以来两国多领域竞争加剧的趋势。其二，现阶段我国已经成为世界第二大经济体，建立世界级文化中心、国际交往中心和国际科技创新中心的"机会窗口"已经打开。首都北京所拥有的得天独厚的人文历史、科教智力资源等，为把北京建设成为世界级文化中心、国际交往中心和国际科技创新中心提供了坚实的基础。同时，把北京建设成为全国政治中心、文化中心、国际交往中心和国际科技创新中心，不仅是党中央、国务院的明确要求，也是北京市的使命担当和内在需求。为此，变压力为高质量创新发展的驱动力，对新时代北京建设"四个中心"具有战略意义。

第二，加快推进北京"四个中心"建设，是深化新时代中国对外开放国策的重要环节和推动北京形成全面开放新格局的重要举措。一方面，世界格局的演变为北京"四个中心"建设的新定位提供了历史良机。随着世界经济政治格局发生深刻变化，世界经济重心正在从大西洋向太平洋转移，其中以中国、印度为代表的亚洲新兴经济体国家连续多年保持快速增长。进入21世纪的中国，综合实力显著提升。2009年中国GDP已超过日本成为世界上仅次于美国的第二大经济体。作为崛起中的大国，中国需要发展与之相匹配的，能够在世界政治、经济、文化、外交等活动中发挥主导作用的核心城市。因此，北京作为一个全球第二大经济体的首都，建立以北京为核心的世界级城市群，不仅仅是北京一个城市乃至京津冀城市群的发展目标，还体现着一个国家的宏观发展战略。另一方面，北京"四个中心"城市战略定位给予北京重塑城市格局的历史机遇，其根本目标是建设国际一流的和谐宜居之都。北京作为全国政治中心制定有关国内外发展的方针政策，是"一带一路"沿线国家加强政策沟通的中方桥头堡。同时，北京作为全国文化中心、国际交流中心和国际科技创新中心承古启今，可以将丝绸之路延续千年的商贸、文化、科技友好交流的传统继承下来，为"一带一路"沿线国家之间的人文沟通交流创造更好的平台。① 为此，北京应抓住这一历史机遇，进一步深化开放，乘势而上开启全面建设社会主义现代化的北京新征程。

第三，加快推进北京"四个中心"建设，为有效疏解北京非首都功能和北京"十四五"规划战略提供支撑。一方面，关于明确首都城市战略定位，坚持和强化首都核心功能的定位，是指导首都北京建设与发展的纲领性文件。例如，通过疏解"非首都功能"进一步强化首都政治核心功能，既可以优化首都城市功能结构，还可以在服务国家大局中更好地推进城市高质量发展。另一方面，"四个中心"建设为有效疏解北京非首都功能，解决"大城市病"问题提供了战略支持。从这种意义上说，合理审视北京"四个中心"建设与城市战略定位是科学处理"都"和"城"关系的基础，即紧密围绕"都"的功能谋划"城"的发展，以"城"的更高水平发展服务保障"都"的功能，更好地履行首都职责。这也必将为北京"十四五"规划战略的贯彻实施提供有效支撑。

---

① 韩晶，刘俊博，酒二科. 北京融入国家"一带一路"战略的定位与对策研究 [J]. 城市观察，2015（6）.

二、文献回顾与研究进展

北京"四个中心"建设作为具有中国首都特色的全新时代命题，严格意义上，国外并没有类似于我国这样的特色首都建设之成功经验借鉴。鉴于不同的政治经济体制，世界各国在探究首都与所在城市战略关系定位及功能建设时，更多的是采取了适合本国实际的发展方式或模式，从而形成了各具特色且兼具城市特质的创新发展路径，如最具文化多样性的全球文化中心之城伦敦、全球重要的时尚中心与公共外交中心之城巴黎及辐射全球媒体和娱乐中心之城纽约等。为此，中国首都北京"四个中心"的建设也应契合本国实际，紧密结合北京千年古都等城市特性，探索具有中国特色社会主义大国首都的特色创新发展之路。

国内学界对北京"四个中心"建设方面的研究，总体来看，既有研究成果相对较少，且呈现出"碎片化"特征，系统性研究远远不足。高金萍从国际舆论视角探究了国际主流媒体对新时代北京"四个中心"建设的关注度及其评价[1]；张家明结合北京东城区位实际探讨了如何努力打造符合"四个中心"定位的核心城区；丁军认为生态城市是北京"四个中心"建设的落脚点等[2]。此外，也有一些学者对"四个中心"其他方面的问题进行了相关探究，如桑锦龙等从教育学视角探究了北京"四个中心"建设与首都教育发展战略选择的关系；郭怀刚等从北京冬奥会筹办的视角探究了冬奥会与

---

[1] 高金萍. 开启北京"四个中心"建设新时代——基于2017年度关于北京的国际舆论研究[J]. 湖南大学学报（社会科学版），2018（6）：155.
[2] 丁军. 生态城市是北京"四个中心"建设的落脚点[J]. 城市，2019（15）：52.

北京"四个中心"建设的相辅相成之道;刘冬磊、王子朴从"一带一路"建设视角出发探究了"四个中心"建设与国际体育教育与合作的融合发展问题;鲍晓燕则从国际移民视角探究了北京"四个中心"战略功能定位下的首都移民管理问题,等等。

与此同时,既有文献对北京"四个中心"具体建设方面的研究,目前主要集中在全国文化中心、国际交往中心和国际科技创新中心三大方面的研究,而对全国政治中心的研究较少,甚至可以说寥寥无几。具体来说,在全国文化中心研究方面,何芬[1]、王琪延、王博[2]、李建盛[3]、马娜、刘士林[4]等对北京建设全国文化中心的历史意义、作用功能及未来定位等进行了多方面的系统探究;于丹等则对北京作为全国文化中心的核心指标体系进行了建构[5],王林生、金元浦等对"互联网+"和"双创"时代的全国文化中心数字化建设进行了专门探究[6]。在国际交往中心研究方面,刘波[7]、熊九玲[8]、李军凯[9]等探究了加快推进北京国际交往中心建设的新

---

[1] 何芬. 推动北京建设国际文化中心城市的思考 [J]. 中国国情国力, 2016 (2): 49.
[2] 王琪延, 王博. 北京建设全国文化中心的设想 [J]. 首都经济贸易大学学报 (双月刊), 2016 (1): 81.
[3] 李建盛. 以习近平首都建设思想为指导推进全国文化中心建设 [J]. 前线, 2018 (4): 16.
[4] 马娜, 刘士林. 北京建设全国文化中心的历史还原与理论思考 [J]. 甘肃社会科学, 2019 (6): 106.
[5] 于丹. 全国文化中心核心指标体系建构研究 [J]. 前线, 2019 (8): 61.
[6] 王林生, 金元浦. 新时代北京全国文化中心建设的理念与路径 [J]. 城市学刊, 2018 (11): 76.
[7] 刘波. 北京国际交往中心发展报告 (2019) [M]. 北京: 社会科学文献出版社, 2019: 1.
[8] 熊九玲. 对标初心使命 建设国际交往中心 [J]. 前线, 2019 (7): 39.
[9] 李军凯, 张红, 孙艳艳. 加快推进北京国际交往中心建设 [N]. 经济日报, 2019-11-22.

内涵、涉及内容及其主要路径；刘波[①]、王义桅[②]等探究了"一带一路"背景下北京国际交往中心的本土建设及其发展战略。在国际科技创新中心研究方面，近两年的相关研究逐渐增多，如眭纪刚、佘京学、原珂等从不同学科视角先后提出了北京加快国际科创中心建设的战略构想及政策建议[③]；汪涵、周振华等则专门从立法视角探讨了北京国际科创中心建设的若干问题，同时也有一些学者针对北京市海淀区作为国际科创中心核心区的功能定位进行了探讨等。此外，鉴于首都北京全国科技创新中心提出在前，国际科技创新中心提出在后，还有一部分专门探讨北京作为全国科技创新中心的研究成果，如王亮、陈军、石晓冬从城市规划视角对北京科技创新空间规划的特征、问题及发展路径进行了探析[④]，黄群慧、崔志新、叶振宇对北京"三城一区"科技创新要素流动和联动发展的路径进行了初步探究[⑤]，王彦博、姚黎则认为北京作为全国科技创新中心的科技创新能力在全国位居首位等[⑥]。然而，在全国政治中心研究方面，相关成果始终较少。既有的些许研究，也仅局限于对某方面的探讨或在其他问题研究中有所涉及。如唐鑫对推进北京作为全国

---

① 刘波. "一带一路"背景下的北京国际交往中心的建设 [M]. 北京：中国经济出版社，2017：2.
② 王义桅，刘雪君. "一带一路"与北京国际交往中心建设 [J]. 前线，2019 (2)：39.
③ 原珂. 构建国际科技创新中心创新生态链 [J]. 前线，2021 (5)：78-81.
④ 王亮，陈军，石晓冬. 北京市科技创新空间规划研究：特征、问题与发展路径 [J]. 北京规划建设，2019 (5)：147.
⑤ 黄群慧，崔志新，叶振宇. 北京"三城一区"科技创新要素流动和联动发展路径研究 [J]. 北京工业大学学报（社会科学版），2020 (3)：56.
⑥ 王彦博，姚黎. 全国科技创新中心的科技创新能力评价研究 [J]. 科技管理研究，2020 (3)：1.

政治中心建设的科学指南进行了初步探析[1]，李丽则从政治监督视角探讨了政治监督如何护航政治中心建设的问题等。[2] 相较于其他三个中心，目前学界对北京作为全国政治中心的研究还十分薄弱，亟须引起同行的关注与重视。

其实，总的来看，目前国内学界对北京"四个中心"建设方面的研究仍然较少，而且存在"碎片化"和"不均衡"的态势，特别是对全国政治中心的研究及与其他三个中心的关系和"四个中心"统筹推进与协同建设方面的研究还极为薄弱。这正是本课题研究的切入点与着力点所在。

三、理论支撑与核心概念

（一）理论基础：协同治理理论

现代社会公共事务纷繁复杂、形势多变，需要多组织、多部门之间的有效分工和协调合作，协同理论（collaboration theory）应运而生。追根溯源，协同学理论是由德国物理学家赫尔曼·哈肯（Hermann Haken）率先提出。协同学主要是通过研究系统中大量不同性质的组成部分如何受到普遍规律支配、通过协作形成有序结构的一门理论。[3] 哈肯的支配原理指出，事物发展呈现出无序部分被卷入有序状态之中，并受到有序状态支配的规律。[4] 协同学理论的

---

[1] 唐鑫. 推进全国政治中心建设的科学指南[J]. 前线，2020（3）：4.
[2] 李丽. 政治监督护航政治中心建设[J]. 前线，2020（6）：65-67.
[3] [德]赫尔曼·哈肯. 大自然构成的奥秘：协同学[M]. 凌复华译，上海：上海译文出版社，2018：9.
[4] [德]赫尔曼·哈肯. 大自然构成的奥秘：协同学[M]. 凌复华译，上海：上海译文出版社，2018：7-8.

一个重要概念是"序参数",是一种由系统各部分协作产生又反过来对各部分产生支配作用的"无形之手"。[①] 当事物在客观条件下的发展方向仅剩某几种可能时,偶然因素会使事物朝其中一种方向发展,其他因素也受到"序参数"支配而共同向着这一因素发展变化,最终形成有序格局。在社会科学中,协同理论更多的是为了解决不能或不容易由单一组织处理的问题而进行的多组织层面上的促进和运行过程,这种意义上的协同理论还属于低范式的理论领域,研究空间广阔。[②] 结合实际,在当前北京"四个中心"建设及其协同推进实践中,协同理论的基本意涵更注重强调通过建立、指导、促进、运用和监督跨部门的组织安排以解决公共政策问题的整个过程[③],以形成跨领域多主体之间的整体合力。

"治理"(governance)一词自 20 世纪 80 年代被首次提出后,被广泛应用于各学科领域。在西方学界,治理理论以多元主体间持续互动、各主体间达成共识性规则为特征。国内治理理论的主要内涵是政府与多元主体互动、共同应对和处理公共事务,核心价值在于实现公共利益和社会福祉最大化。俞可平将各国学者观点汇总分析后提炼概括为:治理涉及政府和政府外的社会公共机构和行为主体;治理意味着国家与社会、公共与私人部门间界限与责任的模糊性;治理肯定了参与集体行动的各组织间存在权力依赖;治理参与

---

① [德]赫尔曼·哈肯. 大自然构成的奥秘:协同学[M]. 凌复华译. 上海:上海译文出版社,2018:8.
② R. O'Leary, N. Vij. Collaborative Public Management: Where Have We Been and Where Are We Going? [J]. *American Review of Public Administration*, 2012, 42 (5), pp. 507-522.
③ 邓慧欣,丹尼尔·马兹曼尼安,湛学勇. 理性选择视角下的协同治理[M]// 敬乂嘉. 网络时代的公共管理. 上海:复旦大学出版社,2011:3-25.

者将形成自主网络并与政府合作;治理的方法技术是多样的。① 本研究中的治理也采用此释义。

实践中,伴随协同理论和治理理论的蓬勃发展,集二者之精华的融合新理论——协同治理理论(collaborative governance theory)出现,并逐渐被运用于诸多公共管理实践活动中。作为颇具前沿性质的学术概念,协同治理相关研究尚处于起步探索阶段,涌现出协同政府、整体政府、合作治理、整体性治理、网络治理、跨部门协同、协作性公共管理等诸多相关概念。② 扎德克(Simon Zadek)认为,协同治理是有效应对环境和社会挑战的共同趋势,是全球性的趋势,没有替代方案。③ 夏书章则结合中国实际,认为当前公共领域的事务纷繁、关系复杂、问题迭出,政府与非政府组织之间加强合作治理的时候到了。④ 后来杨志军等进一步认为协同治理作为一种新型模式主要适用于公共事务的治理、民主社会的发育成熟及街头式官僚的行政执法三个领域,未来需要在研究经验世界的解释力和具体路径上下功夫。⑤

综上可知,协同治理理论,简言之,即是在协同学与治理理论的基础上综合而成的一种理论新范式。从根本上来说,在协同治理理论视角下,推进北京"四个中心"建设是一项包含多个方面的综

---

① 俞可平. 治理和善治:一种新的政治分析框架 [J]. 南京社会科学,2001 (9):40-44.
② 赖先进. 论政府跨部门协同治理 [M]. 北京:北京大学出版社,2015:15.
③ Simon Zadek. Global Collaborative Governance: There Is No Alternative [J]. International Journal of Corporate Governance, 2008, 18 (4), pp. 374-388.
④ 夏书章. 加强合作治理研究是时候了 [J]. 复旦公共行政评论,2012 (2):1-4.
⑤ 杨志军. 多中心协同治理模式研究:基于三项内容的考察 [J]. 中共南京市委党校学报,2010 (3):42-49.

合性社会系统工程，涉及政治、经济、文化、社会、外交、科技、生态等领域的建设，这正好契合了协同治理理论在涉及跨领域、跨区域公共事务的开放性、行动主体及策略的多元性、从无序到有序的治理逻辑等问题上所具有的独特优势。[①] 这也正是本研究的理论切入点与支撑力所在。

（二）核心概念

1. "四个中心"

"四个中心"是指全国政治中心、文化中心、国际交往中心、科技创新中心。2017年9月，中共中央、国务院批复的《北京城市总体规划（2016年—2035年）》中明确了北京的基本定位"北京是中华人民共和国的首都，是全国政治中心、文化中心、国际交往中心、科技创新中心"，并要求"北京的一切工作必须坚持全国政治中心、文化中心、国际交往中心、科技创新中心的城市战略定位，履行为中央党政军领导机关工作服务，为国家国际交往服务，为科技和教育发展服务，为改善人民群众生活服务的基本职责"。

2. 协同、协同性和协同效应

协同，简单来说，就是指协调两个或者两个以上的不同资源或者个体，协调一致地完成某一目标的过程或能力。[②] 协同一词在英文中有 synergy、collaboration、cooperation、coordination 等多种表述，在《汉语大词典》中的解释是"齐心协力、互相配合"。由此可见，协同并非新生事物，它是和人类社会共同出现，并随着人类社

[①] 胡一凡. 京津冀大气污染协同治理困境与消解——关系网络、行动策略、治理结构 [J]. 大连理工大学学报（社会科学版），2020 (2)：49-51.

[②] 陈劲. 协同创新 [M]. 杭州：浙江大学出版社，2012：33.

会的进步而发展的。在学术领域,协同主要是指元素对元素的相干能力,表现了元素在整体发展运行过程中的协调与合作的性质。换言之,即结构元素各自之间通过协调、协作形成拉动效应,进而推动事物共同前进。对事物双方或多方而言,协同的结果使每个个体均能获益,整体加强,共同发展。而这种导致事物间属性互相增强、向积极方向发展的相干性,即为协同性。

协同效应。在一个系统内,若各子系统(要素)不能很好协作,甚至互相拆台,这样的系统必然呈现无序状态,发挥不了整体性功能而终至瓦解。相反,若系统中各子系统(要素)能很好配合、协同,多种力量就能聚集成一个总力量,形成大大超越原各自功能总和的新功能,即"1+1+1>3"的效果,这就是协同效应。①

结合本研究,协同发展主要是指协调两个或者两个以上的不同资源或者个体等,以实现相互协作完成某一目标(如政治中心、文化中心、国际交往中心、科技创新中心各自之间及其与疏解非首都功能和"四个中心"的首都城市战略整体定位等),达到共同发展的双赢或多赢效果。总之,"四个中心"协同发展的要义,就是要促进首都政治、文化、科技与国际交往等方面的深度整合与融合发展,集中优势力量联合攻关,进而通过全面开放、深度合作,实现价值创造、引领新时代的首都高质量创新发展和城市可持续发展,建设国际一流和谐宜居之都。

四、研究思路和方法

本研究遵循"提出问题—分析问题—解决问题"的逻辑思路,

---

① 陈劲. 协同创新[M]. 杭州:浙江大学出版社,2012:33.

采取理论推演法、深度访谈法、案例分析法和比较分析法等系统探究新时代北京"四个中心"建设及其协同推进路径。

(一)理论推演法

研究背景和文献梳理是研究的开端,关于北京市"四个中心"建设的科学内涵及其统筹推进与协同发展的理论推演来源主要有两种渠道:一是已有学术性文献,如专著、论文、会议资料等;二是既有文件性资料,如有关政府文件、咨询报告、档案资料及媒体报道等。

(二)深度访谈法

针对北京市委市政府及相关委办局和市辖区有关部门进行实地调研,搜集一手资料及相关数据。具体来说,围绕北京"四个中心"建设主题,一是通过组织召开多次中小型座谈会从中宏观层面了解当前及未来北京市"四个中心"建设方面的战略规划与想法;二是对上述关键部门主要领导人或业务负责人通过结构化访谈和"面对面"的深度访谈了解动态信息变化,为本书撰写打好坚实基础。实践中,本课题组相继走访了北京市相关委办局及海淀区发改委、朝阳区国家文创试验区、朝阳区教委国际科、朝阳区三里屯使馆区、未来科学城、城市大脑运营中心及部分街道社区,如朝阳区三里屯街道、新首钢国际人才社区、朝阳望京国际人才社区等,同时课题组也调研了相关文化科创类企业,如北京国际城市发展研究院、京津冀文化产业协同发展中心、爱工厂文化科技融合产业园等。另外,课题组还针对与"四个中心"有关的规划部门工作人员进行了深度访谈,如北京市人民政府研究室、天安门地区管理委员会等。

（三）案例分析法

通过对北京全国政治中心、文化中心、国际交往中心和科技创新中心及其协同发展的相关典型案例，如"三城一区"协同建设、国家文创试验区、国际人才社区建设等进行搜集与实地调研，总结与提炼北京"四个中心"建设及协同推进的有效经验与启示。

（四）比较分析法

主要通过对英国伦敦、法国巴黎、日本东京及美国纽约等世界城市的政治、文化、科技及国际交往方面的特色发展之比较，特别是在对标《北京城市总体规划（2016年—2035年）》中对北京"四个中心"和"四个服务"要求上，提炼出具有中国特色、国际一流、和谐宜居的全球世界城市北京样板。

第二章

北京"四个中心"建设及其关系

习近平总书记指出,时代是思想之母。进入新时代①以来,北京凭借大国首都政治、经济、文化、教育、科技、国际交往及各类人才汇聚上的优势,成为建设全国政治中心、文化中心、国际交往中心和国际科技创新中心的首选之地。根据习近平总书记对首都建设的指示和《北京城市总体规划(2016年—2035年)》的要求,当前及今后长时期内首都北京的一切工作必须坚持全国政治中心、文化中心、国际交往中心、科技创新中心的城市战略定位。

一、"四个中心"缘起:北京城市功能演变与脉络传承

(一)历史规划中的北京城市功能定位

新中国成立以来,北京历经了七个版本的城市总体规划。第一个规划是1953年出台的《改建和扩建北京市规划草案要点》。这个规划提出:北京是全国的行政中心,也应该是文化、科学、艺术中

---

① 结合相关研究成果,本研究中新时代的具体时间从党的十八大召开之日开始算起。

心，还应该是一个大工业城市。规划提出了近期城市人口规模500万，未来1000万的预测；主张城市主要道路尽可能规划得宽些，综合考虑人民的文化体育和休闲活动；要从世界上人口最众多的国家首都的角度规划天安门广场等。其他关于电气煤气、卫星城镇发展、绿化美化与生产相结合、引水入京、工业分布和精兵主义的发展方向。

第二个规划是1958年出台的《北京城市规划初步方案》。1958年"大跃进"开始后，总体规划相应做重大修改，规划范围扩大到8869平方公里（后扩大到16800平方公里），规划将来人口达到1000万。这个规划把北京定位成"中国的政治中心和文化教育中心"，还要"迅速把它建成一个现代化的工业基地和科学技术的中心"，"使它站在中国技术革命和'文化革命'的最前列"，"用50年左右时间使人口达到1000万"。城市布局采取子母城形式，以天安门广场为中心广场，以北京城为中心四扩。以定福庄、永定河、大红门、清河为四至，周边建40个卫星城镇。

第三个规划是1973年出台的《北京市建设总体规划方案》。这个规划提出："多快好省地把北京建成一个具有现代工业、现代农业、现代科学文化和现代城市设施的清洁的社会主义首都。"这个时候，"文革"还未结束，北京这个城市基本还是在延续原来的路子，依旧是在城市恢复建设的状态中蹒跚而行。区别只是过去是让城市在战争中的恢复，同时让城市生产支撑战争的继续；此时则是在"文化大革命"冲击之后的维持和发展，城市发展的主基调还是恢复生产，北京依旧是一个生产型的城市。不过，在那个时代，北京的二环、三环、四环和五环已经有了清晰的蓝图，而且北京的各个建设区已经呈现出"一团"的紧凑空间。这一时期的中国整体上还处于封闭的状态，对于外部世界及城市、产业城市、产业竞争格局等，基本无甚了解。所以，延续以往的城市定位和规划思想，大而笼统地表述定位是完全可以理解的。

第四个规划是1983年出台的《北京城市建设总体规划方案（1991年—2010年）》。这个规划是北京城市形象描绘的一个转折点。一是在定位上明确提出"北京是中国的政治中心和文化中心"。二是在开发战略上提出"严格控制大城市的发展规模""发展远郊卫星城镇"。三是引入经济技术开发区等现代空间形式来提升城市经济发展。这个规划提出"政治中心"和"文化中心"，显示首都功能开始得到了重视，生产在城市中的地位有所下沉，消费等城市生活的必需元素，开始引起重视并反映在空间规划里面。

第五个规划是1993年出台的《北京城市总体规划》。这个规划提出："北京是我们伟大社会主义祖国的首都，是全国的政治中心和文化中心，是世界著名的古都和现代国际城市。"1990年北京亚运会成功举办，北京开始了较为全面的国际接触和开放，北京跻身世界级城市的雄心初显端倪。

第六个规划是2005年出台的《北京城市总体规划（2004年—2020年）》。这个规划提出北京的定位是"国家首都、世界城市、文化名城和宜居城市"。规划还调整了城市空间发展战略。根据"两轴—两带—多中心"的城市空间新格局，有机疏散旧城，市域战略转移，村镇重新整合，区域协调发展，构筑以城市中心与副中心相结合、市区与多个新城相联系的新的城市形态。

(二) 新时代规划中的北京城市功能定位

进入 21 世纪后，特别是随着 2008 年北京奥运会的召开，人文、科技、绿色等奥运理念很快转化为北京城市规划建设的理念。北京城市发展向人文化、科技化、高端化和精致化的方向转型。2010 年 8 月 23 日，时任中共中央政治局常委、国家副主席习近平到北京市调研时指出："北京建设世界城市，要按照科学发展观的要求，立足于首都的功能定位，着眼于提高'四个服务'水平，努力把北京打造成'国际活动聚集之都、世界高端企业总部聚集之都、世界高端人才聚集之都、中国特色社会主义先进文化之都、和谐宜居之都'。"

"五个之都"是习近平同志对北京城市战略定位第一次做出明确阐述，这为北京城市规划建设向合理化、科学化方向发展指明了前进道路。一方面，"五个之都"充分反映了北京扩大国际影响力的诉求和建设中国特色世界城市的目标；另一方面，"五个之都"将北京作为中国特色世界城市的内涵进行了具体化："五个之都"肯定了北京的政治与国际交往中心（国际活动聚集之都）、文化中心（中国特色社会主义先进文化之都）、祥和人居环境（和谐宜居之都）、生产性服务业及高端人才聚集地（世界高端企业总部聚集之都、世界高端人才聚集之都）。

2014 年 2 月，习近平总书记再次视察北京，就推进城市发展和管理工作提出五点要求。这是迄今为止习近平总书记对首都城市战略定位思想的最集中论述。一是首都城市战略定位，即"坚持和强化首都全国政治中心、文化中心、国际交往中心、科技创新中心的核心功能，深入实施人文北京、科技北京、绿色北京战略，努力把北京建设成为国际一流的和谐宜居之都"。相较以往，增加了科技创新中心作为核心功能，对拥有众多高校和高新技术企业的北京而言，这一定位更加符合实际。二是实现这一战略定位的关键路径，即要调整及疏解"非首都"核心功能，提出通过"优化三次产业结构，突出高端化、服务化、集聚化、融合化、低碳化，有效控制人口规模，增强区域人口均衡分布，促进区域均衡发展"。三是要提升城市建设特别是基础设施建设质量，以创造历史、追求艺术的高度负责精神，打造首都建设的精品力作。四是健全城市管理体制，提高城市管理水平。五是加大大气污染治理力度，要从压减燃煤、严格控车、调整产业、强化管理、联防联控、依法治理等方面采取重大举措，加大环境执法力度。

2017年9月，中共中央和国务院批复了第七版《北京城市总体规划（2016年—2035年）》，强调坚定不移疏解非首都功能和严格控制城市规模，并列出了具体的控制目标。例如，"确定北京市常住人口规模在2300万人以内，2020年以后长期稳定在这一水平"，"促进城乡建设用地减量提质和集约高效利用，到2020年城乡建设用地规模由现状2921平方公里减到2860平方公里左右，到2035年减少到2760平方公里左右"。

历史上的北京城市功能定位历经了多次变迁、调整及反复（如表2-1所示）。具体来说，新中国成立以来的50年代、60年代、70年代，"强大的工业基地"是北京的首张名片。特别是在20世纪50年代北京市委曾明确提出，要在5年内将北京建设成为现代化工业基地。直到改革开放前，北京长期是中国的政治、经济、文化中心，同时也是中国强大的工业基地和技术科学中心。到80年代初，北京修订城市总体规划，不再提"工业基地"，焦化厂、化工厂等相继退出历史舞台。到 90 年代初，北京城市功能定位依然为国家政治、经济、文化中心，由于经济中心得以保留，所以人口增长过快。意识到这一问题后，在 2004 年起草的新版规划中将"经济中心"抹去，取而代之的是"国家首都、政治中心、文化中心、宜居城市"。然而，巨大惯性使得北京在进入 21 世纪后的"大城市病"越发严重，经济发展结构矛盾突出，不符合首都功能定位的产业退出依然缓慢。

直至 2014 年，习近平总书记再次考察北京时，重新提出"四个中心"，在这一新定位下，北京开始大力疏解非首都功能[①]，腾退一般制造业、区域性市场、区域性物流功能，加快构建"高精尖"产业结构。随后，2015 年 12 月出台的《京津冀协同规划纲要》中初步明确，京津冀整体定位是"以首都为核心的世界级城市群、区域整体协同发展改革引领区、全国创新驱动经济增长新引擎、生态修复环境改善示范区"，北京市定位为"全国政治中心、文化中心、国际交往中心、科技创新中心"。2017 年 9 月，中共中央和国务院批复新版《北京城市总体规划（2016 年—2035 年）》，进一步明确了新时代首都北京"四个中心"的新功能定位。自此，北京这些年开始不断提升城市功能，聚焦核心功能定位，疏解非首都功能，优化城市空间结构，改善交通拥堵，完善公共服务，逐步

---

① 疏解非首都功能是京津冀协同发展的重中之重。自 2014 年以来，北京市深化落实首都城市战略定位，以提升优化首都作为全国政治中心、文化中心、国际交往中心和国际科技创新中心的核心功能，并以建设国际一流的和谐宜居之都为目标方向，从构建"高精尖"经济结构的要求出发，有序疏解存量，严控增量，多种专项治理措施联动，使疏解工作平稳深入推进，目前已取得实质性进展。

迈上了城市高质量发展的快车道。

表 2-1 新中国成立以来北京城市功能定位演变一览表

序号	年份	文件名称	城市功能定位
1	1953	《改建和扩建北京市规划草案要点》	全国行政中心；文化、科学、艺术中心；大工业城市
2	1958	《北京城市规划初步方案》	中国的政治中心和文化教育中心；现代化的工业基地和科学技术的中心；中国技术革命和"文化革命"的最前列
3	1973	《北京市建设总体规划方案》	现代工业、现代农业、现代科学文化和现代城市设施的清洁的社会主义首都
4	1983	《北京城市建设总体规划方案（1991年—2010年）》	全国政治中心和文化中心
5	1993	《北京城市总体规划》	全国政治中心和文化中心；世界著名的古都和现代国际城市
6	2005	《北京城市总体规划（2004年—2020年）》	国家首都、世界城市、文化名城和宜居城市
7	2017	《北京城市总体规划（2016年—2035年）》	全国政治中心、文化中心、国际交往中心、科技创新中心

总而言之，实现城市定位和目标是一个不断深入和"螺旋式"提升的过程，按照当前的规划，北京治理"大城市病"将在2030年取得重大进展。纵观全球，国外许多大城市治理"城市病"都经历了几十年，如果北京在10年后如期取得重大进展，缓解或消除"大城市病"，那将是巨大的改革成就。

23

二、"四个中心"及其内涵

北京作为伟大社会主义祖国的首都，其发展一直都与党和国家的历史使命紧密联系在一起。2014 年，习近平总书记在北京视察时提出要"努力把北京建设成为国际一流的和谐宜居之都"，为北京的发展指明了道路。2017 年年初，习近平总书记再度视察北京时强调，要深入思考"建设一个什么样的首都，怎样建设首都"这个问题，把握好战略定位、空间格局、要素配置，做到服务保障能力同城市战略定位相适应、人口资源环境同城市战略定位相协调、城市布局同城市战略定位相一致，不断朝着建设国际一流和谐宜居之都的目标前进。

2017 年 9 月，中共中央、国务院正式批复《北京城市总体规划（2016 年—2035 年）》，提出"以服务保障首都功能为根本要求，建设伟大社会主义祖国的首都"，并进一步明确北京的基本定位为"北京是中华人民共和国的首都，是全国政治中心、文化中心、国际交往中心、科技创新中心"，要求"北京的一切工作必须坚持全国政治中心、文化中心、国际交往中心、科技创新中心的城市战略定位，履行为中央党政军领导机关工作服务，为国家国际交往服务，为科技和教育发展服务，为改善人民群众生活服务的基本职责"。这不仅指明了北京未来的战略发展方向，而且对建设好、发展好首都进行了高端顶层设计。2019 年 12 月底，时任北京市委书记蔡奇在市委十二届十一次全会上明确提出 2020 年北京要重点抓好十个方面工作，其首要工作就是继续大力加强"四个中心"功能建设、提高"四个服务"水平。2021 年作为"十四五"开局之年，也是建党一百周年，更是北京落实"四个中心"建设城市战略定位、建设国际一流的和谐宜居之都的关键时期。

图 2-1　北京"四个中心"示意图

（一）政治中心建设

全国政治中心建设，主要是以为中央党政军领导机关提供优质服务为宗旨，坚持把首都政治中心安全保障放在突出位置，加强中心城区规划高度管控与既有建筑高度监管，加强安全隐患治理，以更大范围的空间布局支撑国家政务活动，切实保障中央政务环境安全、高效、有序地运行。

实践中，政治中心建设应协同首都功能核心区控规综合考虑。2020年7月4日，习近平总书记主持的中央政治局常委会会议审议通过了《首都功能核心区控制性详细规划（街区层面）（2018年—2035年）》，其中明确提出"首都最重要的是政务功能""核心区工作的全部要义，

图 2-2　全国政治中心象征

就是全力营造安全优良的政务环境"和"要突出政治中心的服务保障，要坚定有序疏解非首都功能，以及疏解腾退资源要优先保障中央政务功能，完善城市服务功能"①。由此可知，政治中心建设主要为中央党政军领导机关提供最优质的政务服务及其相关保障，实际工作中，要严格根据《首都功能核心区控制性详细规划（街区层面）（2018年—2035年）》，优化功能布局，强化重点地区空间管控和环境整治，健全"四个服务"制度机制，不断提高为中央党政军领导机关工作服务的能力和水平，打造优良政务环境。这将意味着未来首都功能核心区、长安街沿线等重点地区，将会通过功能疏解、重组、腾退、整治，提升环境品质和安全保障水平。

---

① 蔡奇：坚决维护核心区控规的严肃性和权威性。2020 年 7 月 4 日北京市委常委会召开扩大会议，传达学习贯彻习近平总书记主持中央政治局常委会会议审议《首都功能核心区控制性详细规划（街区层面）（2018 年—2035 年）》时的重要讲话精神中提出。参见 https：//www. sohu. com/a/405871869_ 114988.

（二）文化中心建设

首都北京作为全国政治文化中心，是一个文化底蕴丰富、文化氛围浓郁、文化事业和文化产业发达、文化艺术魅力与吸引力强大的文化中心城市。全国文化中心建设，旨在让北京成为彰显文化自信与多元包容魅力的世界文化名城。根据《北京市国民经济和社会发展第十四个五年规划和二〇三五年远景目标纲要》要求，推进全国文化中心建设，是北京在社会主义文化强国建设中承担的重要使命和职责。"十四五"时期，要坚持社会主义先进文化前进方向，全力做好首都文化这篇大文章，扎实推进人文北京建设，紧紧围绕古都文化、红色文化、京味文化、创新文化的基本格局和"一核一城三带两区"总体框架，努力提高社会文明程度，精心保护历史文化金名片，全面繁荣文化事业和文化产业，把北京建设成为弘扬中华文明与引领时代潮流的文化名城、中国特色社会主义先进文化之都。

（三）国际交往中心建设

国际交往中心建设，重点是积极服务国家总体外交与开放大局，全面提升国际交往环境和配套服务能力建设，努力打造国际交往活跃、国际化服务完善、国际影响力凸显的重大国际活动聚集之都，以最终建设成为具有全球影响力的大国首都。

具体来说，国际交往中心的建设任务包括三大方面：一是不断提升国际交往服务保障能力，如精心打造服务国际交往的会客厅、积极拓展承载国际交往的新空间、精准提供专业化国际化服务保障等；二是深化对外交流合作，如主动服务"一带一路"建设、打造全球最具影响力的服务贸易展会、积极拓展地区间友好交往、培育提升国际知名活动品牌、聚集国际高端要素等；三是全方位营造国际化服务环境，如提升国际人员往来便利化服务水平、加快建设一流国际人才社区、增强国际教育医疗服务能力、营造国际化旅游商务环境等。归根结底，国际交往中心建设是要适应重大国事活动常态化，建立健全重大国事活动服务保障长效机制，加强国际交往重要设施和能力建设，如着力优化重大外交外事活动区、国际会议会展区、国际体育文化交流区、国际交通枢纽、外国驻华使馆区、国际商务金融功能区、国际科技文化交流区、国际旅游区、国际组织集聚区九类国际交往功能的空间布局等[①]，持续提升城市国际影响力。

（四）科技创新中心建设

科技创新中心建设，旨在以全球视野谋划科技创新，面向世界科技前沿、面向经济主战场、面向国家重大需求、面向人民生命健康，将科技自立自强作为发展的战略支撑，实施国际科技创新中心建设战略行动计划，着力打造国家战略科技力量。

根据《北京城市总体规划（2016年—2035年）》要求，"规划建设好中关村科学城、怀柔科学城、未来科学城、创新型产业集群和'中国制造2025'创新引领示范区，形成三城一区[②]为重点，

[①] 按照新一版城市总体规划，未来重大外交外事活动区、国际会议会展区、国际体育文化交流区、国际交通枢纽等九类高端大气国际化的场所，也将成为向世界展示我国改革开放和现代化建设成就的重要窗口。

[②] 当前实践中，"三城一区"更多的是指中关村科学城、怀柔科学城、未来科学城和北京经济技术开发区，其作为北京建设国际科技创新中心的主平台，"三城一区"地区生产总值在2017年占比就超过全市的30%。如今（2022年9月），"三城一区"发展活力持续增强，以不足6%的土地面积贡献了北京全市GDP的三分之一。参见北京市统计局官网 http://www.beijing.gov.cn/ywdt/gzdt/202209/t20220908_2811007.html。

形成辐射带动多园优化发展的科技创新中心空间格局，构筑北京发展新高地，推进更具活力的世界级创新型城市建设"，打造具有全球影响力的国际科技创新中心，使北京成为全球科技创新引领者、高端经济增长极、创新人才首选地。其中，未来的中关村科学城、怀柔科学城、未来科学城，理应成为原始创新和重大技术创新的主平台；而创新型产业集群，则将是实现科技创新成果转化的重要基地。在此基础上，未来的科技北京应成为全球科技创新网络的中坚力量和引领世界科技创新的新引擎。

值得注意的是，上述首都北京"四个中心"建设，应在坚持"一尊重五统筹"的总体要求下，分阶段、分步骤地有序推进，即尊重城市发展规律，统筹规划、建设、管理三大环节，统筹空间、规模、产业三大结构，统筹政治、文化、科技创新、国际交往四大动力，统筹生产、生活、生态三大布局，统筹政府、社会、市民三大主体，提高城市工作全局性、系统性，统筹推进、久久为功，促进新型工业化、信息化、城镇化、农业现代化、绿色化等同步发展。

三、北京"四个中心"建设的关系

以习近平同志为核心的党中央明确了首都北京"四个中心"建设的城市战略定位，越发要求北京以首善标准加强"四个中心"功能建设和做好"四个服务"。那么，在推进"四个中心"建设中，其间具有何种关系，又如何把握？从根本上来说，政治中心应是大国首都的根本和核心，引领其他"三个中心"发展；文化中心是传承中华文明和体现国家软实力的重要载体，为政治中心提供支撑；

国际交往中心是大国首都的基本功能和对外窗口,也是国际影响力的集中体现;科技创新中心是顺应时代潮流发展的必然要求,也是大国首都的重要引擎和经济支撑。"四个中心"的大国首都功能定位,不仅为新时代首都发展指明了方向,而且也将为世界各国首都建设与发展提供中国智慧和中国方案。

(一)政治中心是"四个中心"建设的根本与核心

毋庸置疑,在"四个中心"首都城市战略定位中,政治中心居于统领地位。换言之,全国政治中心是新时代北京"四个中心"建设的根本与核心,也是首要任务。一方面,作为一国之都,北京不仅是我国中央政府所在地,而且是各国政要、外交人员往来的集中地,同时还是国内外诸多重要赛事会议的承办地,具有突出的政治属性,对社会安全稳定具有超越国内其他城市的特色要求和更高标准。正因如此,北京具有特殊重要性、高度敏感性、极端复杂性等特征,故政治中心无疑也成为意识形态的前沿阵地、安全稳定的风向标。[1]

另一方面,作为大国首都,北京的各项工作必须将"四个服务"贯彻始终。其首要核心任务是做好政治中心的服务保障,支撑国家政务活动,为民族复兴创造安全优良的政务环境。这也意味着北京作为全国政治中心,首先需要做好服务党中央的各项工作,确保党政军等机关的运转高效顺畅。因为只有完成了政治中心建设的任务,其他"三个中心"的建设才能得到更好更快发展与更有力的保障。

(二)文化中心是"四个中心"建设的重要载体

文化中心作为"四个中心"建设的重要载体,要以培育和践行

---

[1] 蔡奇. 北京市教育大会讲话 [Z]. 2018-10-18.

社会主义核心价值观为引领，做好全国文化中心这篇大文章。

其一，文化中心是传承中华文明和体现国家软实力的空间载体，为政治中心提供支撑。严格来说，文化中心与政治中心建设相辅相成。政治中心建设是文化中心建设的前提，文化中心建设是政治中心建设的基础和保障。只有坚持正确的政治方向，文化中心建设才能行远致稳。

其二，文化中心建设有助于进一步丰富和深化国际交往之内涵。北京国际交往中心建设除了技术与商品流动外，更以科学、艺术、教育、体育等"大文化"方面的交流与沟通为特色，故文化建设亦能丰富和深化国际交往的内涵。特别是北京作为历史文化名城，能够在国际交往中发挥中枢作用，如在弘扬中华民族优秀文化基础上，有效传播当代中国价值观念，全面提高国家文化软实力。

其三，为科技创新中心提供内生性动力。文化是决定创造、塑造未来的重要源泉和力量，是城市科技创新软实力提升的核心要素。一个创新国家、创新社会，质疑是其基本特征和基本要求。没有质疑就不可能有社会的进步，没有质疑也不会有任何创新，而这则需要营造文化创新的氛围，以进一步形成创新文化，进而激发思想市场的活跃。唯有这样，创新才会有不懈动力和源泉，创新文化才能够进一步为科技创新提供不竭动力。

（三）国际交往中心是"四个中心"建设的重要窗口

国际交往中心作为"四个中心"建设的重要窗口，既是大国首都的基本功能，也是国际影响力的集中体现。通常，大国首都的基本功能之一就是国际交往。大国首都不仅是国际性政治中心，也必然是国际交往中心。具体来说，国际交往中心作为"四个中心"建设的重要窗口，在国内外政治、经济、文化、科技和社会交流等事务中所发挥的作用与能力体现在诸多方面：如增进外交往来，提升城市政治影响力；汇聚金融资源，带动区域经济发展；引领科技文化，加速创新能力驱动；共享旅游资源，促进城市魅力提升；吸引国际人才，加强创新人才建设等。结合"四个中心"建设及其整体推进，北京国际交往中心的功能建设与政治中心、文化中心和科技创新中心之间均有着密切的协同关系。

一是国际交往中心建设与全国政治中心建设直接关联。北京是中国与全球其他国家间政治、经济交流的重要平台，其作为首都在国际政治中的地位居全国之首。这则要求从政治上理解和把握北京国际交往中心的内涵，首要任务是服务和保障好国家的政治交往。一方面，北京强大的政治交往功能为北京国际交往中心的新定位奠定了坚实基础。北京不仅是承担全国重大外交外事活动的重要舞台，同时也是通过首都窗口向世界展示我国改革开放和现代化建设成就的首要门户，这为北京成为国际交往中心提供了得天独厚的政治优势。另一方面，随着大国地位的崛起，我国在对外交往与合作中有着越来越大的话语权，逐渐从"跟跑者"向"领跑者"角色转型。某种意义上，日渐走近世界舞台中央的中国，更需通过首都这一国际交往中心之窗口高水准处理、协调好各项国际事务，在国际舞台上彰显出拥有五千多年文明的大国风范。

二是国际交往中心建设与全国文化中心建设相辅相成。一方面，北京悠久历史所奠定的文化底蕴和历史文化遗产吸引着国内外游客，他们惯于将北京作为寻访东方文化精髓的首选地，故北京理应是中国国际文化交流和对外文化产品交易的主阵地。另一方面，随着全球化的加剧及"地球村"的进一步形成,北京的文化既应开放包容、海纳百川,也要体现东方特色、具有城市特质,以代表亚洲文化形成文化向心力,对世界其他文明板块形成文化吸引力。唯有这样,通过北京,世界才可以了解东方、通向亚洲。

三是国际交往中心建设与科技创新中心建设相得益彰。实践中,北京国际交往中心的建设在很多层面也是以国际间科技交流为导向的学术活动、文化交流。北京科研院所众多,高校资源丰富,可谓"人才济济",其不仅是全国科技研发和创新中心所在地,也是全国最重要的科技成果转化基地,而诸多国际交往活动也是以科技、文化等的交流为纽带,故国际交往中心的建设可以为科技创新中心的建设提供先天性的优越条件。

由上可见,北京作为国际交往中心的功能不是单一的,而是多元的;不是平面的,而是立体的;不是孤立的,而是与其他"三个中心"紧密联系的。此外,值得注意的是,国际交往中心的一大重要特征就是国际政治、经济、文化、科技、教育等的高度聚焦,各种国际组织和机构汇聚于此,国际交往活动高度频繁,而国际交往活动聚集与频繁则可以带来可观的经济效益,这则可以为其他"三个中心"的建设提供一定的经济支撑。

(四) 科技创新中心是"四个中心"建设的重要引擎

科技是国之利器,国家赖之以强,企业赖之以赢,人民生活赖之以好。而创新则始终是时代发展的潮流和趋势,也是北京经济社会发展的必然要求,更是北京资源禀赋所特有的优势所在。很大程度上,科技创新中心既是顺应时代潮流发展的必然要求,也是大国首都的重要引擎和经济支撑。

其一，科技创新中心建设可以有效助力其他"三个中心"建设及"四个中心"协同推进战略。北京拥有全国领先的教育科研等资源，其雄厚的科技实力能够为北京建设全国乃至全球科技创新中心提供强有力的支撑。因此，科技创新中心的建设也必然会通过各种创新方式带动其他"三个中心"的建设并最终促进首都"四个中心"战略的协同有效推进。

其二，科技创新中心和文化中心的顺利建设，能够为北京国际交往中心建设带来更强大的综合性区位优势。21世纪以来由科技进步所带来的追赶型发展和创新型发展，已经越发成为中国和亚洲国家近年来展示出的突出形象，这也关系到未来新科技革命的全球布局与竞争格局。为此，只有通过高水平的国际交往，以大量的国际学术合作、科技交流、人才流动及文化互动为依托[1]，北京才能够迅速成长为世界重要的科技创新中心。

综上可知，新时代首都北京"四个中心"建设间的关系可以概括为"一个根本，三个重要"。在"一个根本"的政治引领下，四个中心，四种精彩，最终汇聚成一个国际一流的和谐宜居之都——北京。

---

[1] 周鑫宇. 国际交往中心建设的新内涵[J]. 前线, 2018 (9): 74-75.

第三章

全国政治中心建设

北京作为伟大社会主义祖国的首都,其发展一直都与党和国家的历史使命紧密联系在一起。首都是北京的最主要特点,决定了北京的根本性质,其他都是次要的、从属的。① 北京的建设与发展,首先应是为满足首都政治中心的需要,充分发挥首都政治中心的核心功能。

一、全国政治中心定位及内涵

追古溯今,北京建城的历史已超过 3000 余年,先后成为辽陪都、金中都、元大都及明清国都,直至中华人民共和国成立后成为我们伟大社会主义祖国的首都,其作为大国之都的历史已跨越千年。在漫长的建都史中,北京始终保持了鲜明的政治中心角色,并在统一中国、领导国家发展等方面发挥了强大的中央权威力量,为当前及未来政治中心职能的发挥积累了深厚的历史基础和政治文化

---

① 周一兴. 怎样理解北京是全国政治中心、文化中心？ [J]. 学习与研究,1985(10):24-25.

底蕴。

(一) 政治中心与都城之辩

现代社会,人们通常把政治中心"首都"直接与一个固定的"都市"联系在一起。事实上,从首都建设与发展的历史可以看出,政治中心与都城之间的形态并非完全统一的。究其原因,可归纳为以下方面。第一,如果把政治中心等同于统治者的指挥中心,那么政治中心就可能随统治集团所在地的变化而变化。而若将历史翻回到原始社会或游牧民族所建立起来的首都概念,则可看到,在人类社会没有形成稳定的社会共同体之前,人类社会处于游猎状态,既没有固定的地域,也没有固定的首都。当时作为统治中心的"首都功能"是驮在马背上到处移动的,正如成吉思汗没有一个确定的首都城市那样。古代中国皇帝外出所在地称"行所"或"行在所",在那里处理国事。在现代社会中的国家首脑们出行之际,仍不难看到首都的这种"流动形式"的继续存在。对许多国家的领导人来说,在首都城市之外"执政"甚至在国外、境外"执政"是屡见不鲜的。[①] 伴随着日益完备的现代化通信技术手段的发展,意外地重新创造了现代"游牧首都"形式的可能。第二,都城所在政治中心的实际控驭力、影响力与一国的统一状态密切相关。各国历史的具体情况不同,但从长远来看,通常会有相对统一时期,也会有分裂割据时期。政治中心的实际控驭力、影响力在统一时期与分裂割据时期可能差异很大。例如,我国封建社会,即便是在相对统一的时期,周边也存在相当数量的少数民族。就中国整体范围而言,这

---

① 彭兴业. 首都城市功能研究 [M]. 北京:北京大学出版社,2000:19-20.

些政权之首都的实际政治控驭力、影响力差异很大,堪称一时政治中心者,只能是其中的一个或少数几个。① 在全球来看,国土面积较大、民族成分较为复杂的国家情况大抵如此,如俄罗斯、印度、德国等。第三,都城的设立、迁徙和废弃,一般有具体的起止年月,而国家政治中心的存续流转则未必有那么清晰、严格的时间界限。第四,一个政治名义上的首都,有时候不一定就是它实际上的首都;或者事实上已经迁都,但旧都作为首都的名义尚未改变。中国古代皇帝所居的正式都城在一处,而当轴权臣的府署在京师之外的另一处时,旧史往往有"悬执朝政"或"遥制朝政"一类的说法。②

(二)国家政治中心的内涵及特征

社会政治文明从古代社会、近代社会演进至现代社会,历经无数风云变幻,如大浪淘沙般萃取精华,将政治文明的发展推向前进。而国家政治中心的建设举措也随着时代环境和具体国情的变化而变化,并将人们对国家政治中心建设的认识推向深化。

理解国家政治中心的内涵,可以从以下三个方面把握③:一是核心内涵,即国家政治中心是国家最高决策中心所在地、国家最高权力机构的聚集地。国家政治中心是一个国家的"头脑",是社会有序运行的"中枢系统"。换言之,它是政党、政府、军队、经济、

---

① 林校生. 古代中国政治中心之分布流转——读《中国古都与文化》[J]. 华侨大学学报, 2000 (1).
② 林校生. 古代中国政治中心之分布流转——读《中国古都与文化》[J]. 华侨大学学报, 2000 (1).
③ 盛继洪等. 建设国际一流的和谐宜居之都研究 [M]. 北京:社会科学文献出版社, 2017:64-68.

文化等重大事务的控制枢纽，同时也是各项外交活动和国际交流活动的发生地、开展地。

二是国际内涵，即国家政治中心致力于发挥全球重大影响力并掌握国际话语权。首都作为国家政治中心，关系着整个国家的统治效率，同时也是世界了解一个国家的重要窗口。伴随着近年来全球化与"逆全球化"的交织发展，首都作为国家政治中心必须在坚持对外开放的同时，扩大其在国际舞台上的影响力与话语权。当前全球正处在构建国际社会新秩序、构建人类命运共同体的紧要关头，增强一国在国际事务中的话语权，既是本国综合实力提升的展现，也是受到国际认同的体现。

三是精神内涵，即国家政治中心建设需要精神支撑并为全国城市建设树立典范。国家政治中心建设关系着国家前进的方向，它绝不是纯粹的政治性活动，而是一个复杂的系统工程。国家首都的精气神通常反映出整个国家、民族的精神品格，其蕴含的城市精神和核心价值能够反映出时代意义和整个国家的文化特质。

通常来说，国家政治中心具有政治主导性、资源集聚性和趋向求稳性等显著特征。政治主导性主要表现在国家政治中心主导并掌握着国家的整体运行和发展方向，其集中凸显在控制主体、控制对象和控制手段等方面。资源集聚性主要体现在国家政治中心因具有特殊的政策、社会环境等优势而极易吸引各种要素和资源，如经济、文化、科技、教育、人才等优势资源流向首都，产生集聚效应。趋向求稳性主要体现在国家政治中心因首都的稳定关涉整个国家的社会状态而趋于追求稳定和谐。纵观全球，首都历来都是各种意识形态和政治力量冲突、争夺的主阵地，故国家政治中心建设的首要任务也就是维护稳定。"首都稳,则全国稳",各国首都建设都将稳定性放在第一位。

(三)新时代首都政治功能的新内涵

中国特色社会主义进入新时代,深刻理解首都政治功能的新内涵,则要根据党的二十大精神来准确把握。大致来说,有三个要点需高度重视:一是在思想上、政治上、行动上与党中央保持高度一致。以习近平新时代中国特色社会主义思想为指导,在贯彻落实党的路线方针政策上起表率作用,模范遵守党的政治纪律。二是在落实"两个大局",增强"四个意识",贯彻"五位一体"总体布局和"四个全面"战略布局中起示范带动作用。坚定道路自信、理论自信、制度自信、文化自信,高举中国特色社会主义伟大旗帜,在各项建设中走在全国的前列,引领我国改革开放和现代化建设取得更大成就。三是履行好"四个服务"职能。以一流的工作业绩,为党、政、军首脑机关正常开展工作服务,为日益扩大的国际交往服务,为国家教育、科技和文化的发展服务,为民众的工作和生活服务,全面维护首都政治安全,确保国家政务活动安全、高效、有序进行。① 把握这三个要点,就从理论上把握了首都政治功能与其他功能的内在联系,从实践路径上把握了推进全国政治中心建设的正确方向。

另外,从根本上来说,加强首都政治站位和全国政治中心建设还是新时代提升首都高质量发展的重要保障。中共中央和国务院批复的《北京城市总体规划(2016年—2035年)》,围绕北京建设

---

① 唐鑫. 推进全国政治中心建设的科学指南 [J]. 前线,2020 (3):5.

国际一流的和谐宜居之都这个发展总目标,就提高首都高质量发展确立了三个阶段性目标,即2020年、2035年、2050年发展目标。这三个阶段的政治中心建设目标是:"中央政务、国际交往环境及配套服务水平得到全面提升","成为拥有优质政务保障能力和国际交往环境的大国首都","成为具有广泛和重要国际影响力的全球中心城市"。可见,政治中心建设目标不断提高、政治功能不断增强,其建设的内在要求所带来的发展质量变革是全方位的,必将推动首都城市建设迈上新台阶。强化首都政治功能与提高首都发展质量是紧密联系的,只有强化首都政治功能,才能保证首都发展质量的提高;只有提高首都发展质量,才能为推进全国政治中心建设提供有力支撑。

二、作为政治中心的首都北京及其建设优势

一个城市被称为政治中心,意味着这个城市是以行政权力管理为主要职能的城市。由于各个城市在行政管理体系中所处的地位不同,权力所及范围不同,其中心作用大小也不同。北京作为中国首都,其政治权力直接管辖范围包括全中国,因而首先是全国性的政治中心,同时也有可能成为世界性的政治中心。

在我国,"首都",通常又被称为"国都""京都""京城""京师"或"京畿"等。在西方,则经常被称为"大脑"(head)、"心脏"(heart)、"肚脐"(navel)、"司令部或总部"(headquarters)[1]。显然,这些概念称谓或多或少都透露着政治意味。从某种

---

[1] 彭兴业. 首都城市功能研究[M]. 北京:北京大学出版社,2000:19.

意义上说，首都是一个政治概念，是一个具有丰富象征意义的国家政权中枢。对任何一个国家的首都而言，它的功能可能相对单一或者全面，但无论是怎样的一种功能组合形式，政治功能都是其最重要、最核心的功能。相较而言，经济、文化、科技、教育、旅游、外交等功能均可视为从属功能。

由此可知，首都优势具有建设全国政治中心功能的特殊优势，也是当前及未来北京发展的重要而独特的影响因素。首都优势是一种软实力，是无形要素，然而它是促进北京全面发展的最重要的根本性和基础性要素，它在很大程度上决定和影响着其他要素的数量和质量。这主要凸显在三方面：一是得到中央政府的大力关怀与支持；二是得到全国各地的大力支持与帮助；三是对各种要素具有巨大的吸引力和辐射力，总部经济①发展迅速，在资源调配方面及资金投入方面都优于其他城市。例如，北京作为全国政治中心，政治资源高度集聚。北京集中了中共中央、国务院、全国人大、全国政协、最高法院、最高人民检察院、中央军委各总部机关，以及上述机构绝大部分的直属机构和事业单位。②

---

① 从经济上来说，通过打造总部经济，带动北京经济创新发展，继而带动全国经济结构的调整与优化。

② 以国务院系统为例，国务院各部委的直属单位和事业单位，就是一个超级庞大的群体。一般来说，中央单位人口包括国务院各直属机构在内的人口，如教育部所下属的高等院校、卫健委所管辖的医院系统、央企所属的企业员工等，目前保守估计至少200万人，甚至可能接近300万人。譬如，2020年北京市内各类高校共计92所，其中教育部和中央各部委直属高校36所，每一所高校，包括教职员工、学生以及为高校服务的机构和人员，平均超过万人，有的高达数十万人。特别是为高校服务的机构和人员，数量庞大且很难得到确切统计的数据。保守估计，中央所属高校人口至少超过50万人，仅看看北京大学和清华大学两校周边，则有相当多的机构和人员为其服务。此外，央企员工及民企总部占比也很大。陈剑. 都城北京：一核两翼与京津冀协同发展［M］. 北京：中国发展出版社，2019：44-45.

三、全国政治中心建设的推进路径

首都北京作为全国政治中心，旨在保障我国首都的政治安全，以及推动国家重要活动的顺利开展，如近年来圆满完成亚太经合组织会议、"一带一路"国际合作高峰论坛、新中国成立70周年庆典、建党百年庆典、中国人民抗日战争暨世界反法西斯战争胜利70周年纪念阅兵、第24届冬奥会（冬季奥林匹克运动会）和第13届冬残奥会（冬季残疾人奥林匹克运动会）等重大活动服务保障任务。整体来说，全国政治中心建设至少涉及保障政治统治的权威有效、保障思想意识的稳定统一、保障社会秩序的和谐有序、保障政务活动的安全通畅及良好政治生态的营造等方面。

（一）牢固树立政治安全意识，强化首都功能核心区的政治安全与服务保障

一方面，增强政治意识，确保政治安全。作为新时代中国的政治中心，首都北京不仅是中共中央委员会、中国中央人民政府、全国人民代表大会、中国人民政治协商会议全国委员会、中国中央军事委员会等中央党政军领导机构所在地，最高人民法院、最高人民检察院等国家最高审判监察机关所在地，同时也是外国驻华使馆的集中驻地，集中掌握着带领全国人民全面建成小康社会、全面建设社会主义现代化国家、实现中华民族伟大复兴中国梦的核心领导权与战略规划使命，常年承担着诸多高规格、高密度、高水平的重大党政外交活动。这些突出的政治属性，对首都北京维护社会政治稳定、确保良好政治环境等提出了超越国内其他城市的独特需求和更高标准。为此，实践中，首要践行总体国家安全观，增强政治正确意识和牢固树立政治安全意识，坚持底线思维，做到平战结合，筑起坚固的思想意识安全屏障。

另一方面，全方位强化首都功能核心区的政治安全与服务保障。2020年8月，中共中央国务院正式批复了《首都功能核心区控制性详细规划（街区层面）（2018年—2035年）》（简称《核心区控规》），批复中明确提出"核心区是全国政治中心、文化中心和国际交往中心的核心承载区，是历史文化名城保护的重点地区，是展示国家首都形象的重要窗口地区"，并明确要求"突出政治中心的服务保障"。这要求应尽快制定实施首都功能核心区控制性详细规划，优化功能布局，强化重点地区空间管控和环境整治，不断提高为中央党政军领导机关工作服务的能力水平，以不断加强政治安全与服务保障工作。

其一，强化首都功能核心区政治安全要疏解非首都功能。习近平总书记指出："要调整疏解非首都核心功能，优化三次产业结构，优化产业特别是工业项目选择，突出高端化、服务化、集聚化、融合化、低碳化，有效控制人口规模，增强区域人口均衡分布，促进区域均衡发展。"习近平总书记从战略高度要求疏解北京非首都功能，提出了许多科学论断，不仅有着首都经济健康发展的考量，更有着首都政治安全和社会稳定的考量。非首都功能吸纳了大量的生产要素，占据着大量城市空间，是社会矛盾生存和激化的温床。只有将非首都功能疏解出去，才能腾出空间强化首都政治功能，从源头上预防和减少矛盾纠纷，保障城市长远发展和安全稳定。实践中，要结合非首都功能疏解①，统筹好北京市有关机构搬迁腾退办公用房的承接利用，优化中央党政机关办公布局，稳步推进核心区功能重组，以更大范围空间布局支撑中央政务活动。例如，可以从疏解腾退、功能置换、文物保护、服务保障、环境提升等方面制定规划管控与实施措施，抓好中南海及周边、天安门—长安街等重点地区综合整治，尽量确保疏解腾退空间优先用于保障中央政务功能，预留重要国事活动空间等，以不断提升既有空间腾退与未来核心区功能优化的科学合理对接；加强环境保障，推进精细化治理，提升城市品质，营造安全、整洁、有序的政务环境；加强城市服务保障，完善政务交通出行保障机制，构建安全可靠的市政基础设施体系；金融街等现有功能区和王府井、西单等传统商业区，要在符合北京城市总体规划定位的前提下优化提质，成为展示新时代首都改革开放成果的窗口。

其二，强化首都功能核心区政治安全要优化首都城市功能结构。实践中，要深刻把握"都"与"城"、保护与利用、减量与提质的关系，把服务保障中央政务核心区和治理"大城市病"结合起来，推动政务功能与城市功能有机融合，老城整体保护与有机更新相互促进，建设政务环境优良、文化魅力彰显、人居环境一流的首善之区。习近平总书记曾指示"要提升城市建设特别是基础设施建设质量，形成适度超前、相互衔接、满足未来需求的功能体系，遏

---

① 截至2021年4月底，北京全市退出一般制造业企业3164家，疏解提升市场和物流中心978个；拆违超2亿平方米，建筑规模和建设用地由增转降，北京成为全国首个减量发展的城市；城市副中心框架全面拉开，第一批市级机关35个部门顺利迁入。蔡奇. 坚持以首都发展为统领 奋力谱写社会主义现代化的北京篇章［N］. 人民日报，2021-05-06.

制城市'摊大饼'式发展,以创造历史、追求艺术的高度负责精神,打造首都建设的精品力作"。这对优化首都城市功能结构提出了明确要求。从根本上来说,首都城市既是"都"又是"城",在突出政治功能的同时,正确处理全国政治中心与全国文化中心、国际交往中心、科技创新中心的关系,夯实其他必要的功能,形成合理的城市功能结构,为强化政治功能奠定坚实可靠的基础。

与此同时,北京应科学把握新时代首都政治功能的内涵,汲取国际先进经验,按照世界一流标准,推进全国政治中心建设,优化首都城市功能结构,争取在核心功能区建设上有实质性进展。例如,围绕首都核心功能,强化首都功能核心区的作用,加强中心城区和城市副中心的功能建设,提升中轴线及其延长线、长安街及其延长线的服务保障功能,提升平原地区新城的产城融合、职住平衡功能,提升生态涵养区的生态屏障和资源保障功能,使"都"与"城"的关系更加和谐。

(二)全面创新城市政治安全举措,确保全国政治中心建设顺利推进

现代社会政治文明的发展程度,同政府管理的水平和效率有着直接的联系。其不仅影响着社会的公平和公正,也影响着社会成员的认同意识和积极性,还在根本的意义上影响着社会的稳定和发展。因此,解析首都政治安全有必要从国家政治安全入手。

毋庸置疑,政治安全是国家安全的核心组成部分。同理,与国家安全体系相类似,在城市安全体系中,政治安全同样位于核心位置。一个城市如果社会政治不稳定,无论是其经济发展,还是人民生活,都必将受到极大的影响,城市发展将会陷于停顿,城市自然

就呈现不安全状态。但城市政治安全又区别于国家政治安全。国家政治安全的核心是维护国家主权和政权，保证社会政治稳定和意识形态的安全。而城市政治安全的核心则主要涉及保证社会政治稳定和意识形态的安全。某种意义上，首都政治安全既是国家政治安全的缩影，也是国家政治安全的直接影响源。现实生活中，城市政治安全既是国家政治安全的组成部分，又存在自身的体系，同样也与城市的发展有着紧密的联系。作为大国首都的北京，这种意义更为明显。为此，新时代北京"四个中心"建设大战略下，要不断增强城市政治安全及其保障城市健康稳定发展的能力。有研究认为，若要持续强化城市政治安全，则应从以下方面着手：一是确保城市发展各要素之间关系的协调，营造良好的发展环境；二是及时解决城市发展中产生的矛盾，防止非政治安全影响因素与问题的激化；三是防止城市政治安全影响因素的扩散和政治问题的恶化；四是及时将因城市发展而新产生的政治安全影响因素纳入管理范围等。[①] 当然，这是从具体微观的视角探讨加强城市政治安全的主要举措，但针对新时代首都北京"四个中心"协同发展战略下的全国政治中心安全，则需从更为宏观的视角去把握。

第一，要从维护综合安全的战略高度全面规划各项工作。不论是从国家层面还是从城市层面看，各个领域的安全问题相互转化、错综复杂，安全突发状况层出不穷，安全要素共同作用的特征越来越明显，各个领域的安全日益成为一个"牵一发而动全身"的整体性问题，故维护安全成为一项系统工程。这种意义上，明确综合安全是各项安全措施的最终目的和最终意义，这必将对维护安全的各

[①] 沈国明. 城市安全学 [M]. 上海：华东师范大学出版社，2008：152-156.

项措施的相互依托、统筹协调的要求越来越高。因此，规划涉及城市安全的各项工作，至少从以下两个方面展开。一方面，以保障国家的综合安全为首要，理顺城市综合安全与国家综合安全的关系。正确把握北京在首都发展过程和全局中的重要地位，充分认识北京作为城市个体和作为首都整体的一部分在国家政治生活与国际交往中所承担的不同职责与使命，把城市的安全发展放在国家综合安全大局中去思考和谋划。实践中，一切要以国家利益为重，城市的阶段性、局部性发展利益，要以国家政治利益为取舍标准，城市的阶段性、局部性建设规划，则以国家政治安全为设计标准。另一方面，以保障城市的综合安全为要求，通过系统、细致的调查研究，掌握城市安全面临的主要危险与威胁，详尽分析其中的复杂关系，把消除各种内部因素和外部因素对城市安全的直接作用和间接影响及减弱因素等相互交会而形成的冲击，作为制定各项政策的出发点，为保障城市政治安全营造良好的制度环境。

第二，要强化城市政治安全基本理论和实务操作层面的研究。鉴于政治安全的综合性，对城市政治安全的研究，涉及国家和城市两个层面，涵盖政治、经济、文化、社会、国防等各个领域。从首都视角出发，北京城市地位在全球的不断提升，使得政治安全问题兼具全局性和局部性的特点，政治安全的影响因素、影响范围等也会不断发生变化，导致城市政治安全的内涵不断扩大，亟须从理论上进一步探讨城市政治安全的潜在因素和未来风险。实践中，首先要处理好维护城市政治安全各主体之间的关系，包括政府与社会的关系、政府各部门之间的关系、城市与国家的关系等。其中，处理好政府各部门之间的关系更具现实意义，即要明确维护城市政治安全的主责单位、辅助单位,系统规划各部门之间在常态和非常态下的业务关系,对于具有基础性作用的部门资源共享、信息传递、决策执行等机制的建设,要切实提到重要位置。其次,明确预警城市政治安全威胁,这是评价城市政治安全状态的主要手段。实践中,倘若城市政治安全问题已发展到危机之后再去处理,则错过了解决问题的最佳时机,对城市政治安全也将会产生深远的负面影响。[①]因此,建设城市政治安全预警体系,不仅有利于及时发现政治安全问题,还有利于尽早发现可能导致城市政治安全问题的各种因素,有针对性地改进工作,加强公众教育,妥善处理各类城市发展矛盾等。

此外,良好的政治生态氛围及其营造对维护首都城市政治安全同样具有重要作用。对此,实践中要以保障城市政治安全为核心,一方面加强政府自身建设,保持政府清廉、高效的良好形象,并努力提高应对各种城市安全问题的能力,防止各类安全问题向政治化方向发展;另一方面加强社会建设,特别是要加强法治建设、思想道德建设和文化建设,建立有城市特点的、符合国家和民族利益的城市文化,以引导城市居民树立良好的政治意识和社会心态。

(三)确保国家重要政务活动高效顺利开展,不断提升政治中心国际影响力

首都安全稳定直接关系党和国家工作大局。[②] 北京作为全国政治中心,旨在保障首都政治安全及推动国家重要活动的顺利开展。

[①] 沈国明. 城市安全学[M]. 上海:华东师范大学出版社,2008:152-156.
[②] 习近平. 在统筹推进新冠肺炎疫情防控和经济社会发展工作部署会议上的讲话[EB/OL]. 2020-02-24. 参见人民网 http://cpc.people.com.cn/n1/2020/0226/c64387-31604453.html.

上文专门阐述了政治安全方面的举措，在此重点探讨如何推动国家重要活动的顺利开展。一方面，北京要建设成为全国政治中心，首先要做好服务党中央工作，使得党政军等的重要活动运作高效顺畅。某种意义上，只有完成了政治中心建设，其他三个中心的建设才能得到更好的发展。实践中，北京作为全国政治中心，其建设首先要充分地满足党和国家领导全国政治、经济、军事、外交、文化等的需要，提供开展各种活动的便利条件。这则要求北京有最方便的交通运输条件，有最方便的现代化信息通信及信息储存手段，有高水平的科研机构和"智囊团"，以及有用现代技术武装的发达的第三产业①，等等。另一方面，作为世界城市②，首都北京理应成为国际政治交流中心、世界总部经济的基地和国际活动的聚集地，这与北京打造国际交往中心有着异曲同工之处。特别是伴随着全球

---

① 这种意义上，是否可以说，作为社会主义国家全国政治中心派生的要求，北京也应成为交通中心、邮电中心、信息中心、教育科研中心、咨询服务中心，并要有合理的产业结构，有现代化的经济基础。但必须说明，这里所谓派生的"中心"，是从属于全国政治中心及文化中心、科技创新中心和国际交往中心的低层次的中心，切勿误解为提倡平行的多中心论。

② 关于世界城市的起源，德国诗人歌德在18世纪后叶将罗马和巴黎称为世界城市。苏格兰人类生态学家P.格迪斯于1915年则将当时西方一些国家正在发展中的大城市称为世界城市，指那些在世界商业活动中占有较大比例的城市。1966年，英国地理学家、规划师彼德·霍尔（Peter Hall）把世界城市定义为：那些已对全世界或大多数国家发生全球性经济、政治、文化影响的国际第一流大城市。20世纪80年代以来，作为一种特殊的城市类型，世界城市成为越来越多的学者关注的对象。1986年，弗里德曼从新的国际劳动分工的角度，把世界城市的特征概括为：主要金融中心；跨国公司总部（包括地区性总部）；国际化组织；商业服务部门的高速增长；重要的制造中心；主要交通枢纽和人口规模。美国经济学家丝雅奇·沙森根据生产性服务业来鉴别世界城市，把世界城市定义为：发达的金融和商业服务中心。世界城市是国际城市的高端形态，是城市国际化水平的高端标志，是指具有世界影响力、聚集世界高端企业总部和人才的城市，是国际活动召集地、国际会议之城、国际旅游目的地。[英] 霍尔. 世界大城市 [M]. 中国科学院地理研究所译，北京：中国建筑工业出版社，1982.

治理体系的深化与变革，大国首都必将成为国际性政治中心。为此，必须要前瞻性地谋划并加强国际交往中心设施和能力建设，建立常态化的国事活动服务保障机制，不断提高城市国际化程度，更好地服务党和国家的外交大局，不断提升首都北京在国内外政治中心的影响力。

（四）筑牢城市安全红线，持续提升城市生命线系统

政治中心建设的主要任务是"把安全保障放在突出位置，严格中心城区建筑高度管控，治理安全隐患，确保中央政务环境安全优良"，而中央政务环境安全优良与有效保障党政军等的重要活动是密切相关的。这则要求实践中，一方面，坚持高位筑牢首都城市安全红线。如不断完善首都安全防护规划和相应管控机制，加强对中央党政军领导机关、重大国事活动场所、重要军事设施、重要经济目标与城市运行的安全保障。另一方面，持续提升城市生命线系统，确保核心区安全。针对防空袭、防灾害、防事故、防恐怖破坏等需要，在整个城市安全特别是首都核心区规划建设过程中，高度重视重要目标的综合防护能力建设。严格控制建筑高度，加强安全管理和保障，建立统一指挥、统一管理、统一协调的安全保障体系，确保中央党政机关和中央政务活动绝对安全。在此，还应综合抗震、工程地质、防洪排涝、地面沉降、气候气象等重要限制性要素，推动水、电、油、气等城市生命线系统的有效衔接和统一。此外，优质高效的政务服务也离不开良好的工作生活环境，因此加强北京生态城市建设也有助于打造宜居适度的生活空间，不断提高城市整体民生保障和服务水平。有研究认为，生态城市是北京全国政治中心重要的落地载体，只有通过强化城市生态系统服务功能，才

能营造良好的生活工作环境，进而提高民生保障和整体服务水平。①

（五）营造良好政治生态，为全国政治中心建设赋能

良好的政治生态及其建设对全国政治中心建设和维护首都城市政治安全有着"四两拨千斤"之功效。诸多研究反复证明，政治生态是检验管党治党是否有力的重要标尺，营造良好政治生态是党的政治建设的基础性、经常性工作。从服务首都高质量发展大局出发，积极构建风清气正的良好政治生态，对维护首都城市政治安全不仅具有重要作用，还可以为建设全国政治中心提供强大的服务保障与动力支持。首先，要以高度的政治自觉谋划构建政治生态。按照"干一研二谋三"的工作导向，强化"在首善中率先"的工作标准，从全国政治中心建设发展大局着眼，就如何建设风清气正的政治生态进行顶层设计。例如，可以借助大数据技术对相关领域与相关单位政治生态状况进行测试评估，为党中央及北京市委市政府研判全市政治建设形势、分析解决重大问题、持续优化政治生态提供科学及时的决策参考。其次，以坚定的政治担当引领政治生态构建。进一步提高政治站位，坚决扛起"两个维护"政治责任，坚定政治立场与政治方向，确保政令畅通，确保党中央决策部署落实到位。再次，强化政治监督，净化政治生态，全力护航全国政治中心建设。纪检监察机关是党的政治机关，决定了纪检监察机关的监督本质上是政治监督。为此，首都纪检监察机关要突出政治机关定位和首都工作站位，进一步强化政治首位意识和政治监督责任，为首都北京全国政治中心建设提供坚强保障。习近平总书记在十九届中

---

① 丁军. 生态城市是北京"四个中心"建设的落脚点[J]. 城市，2019（15）：52.

央纪委四次全会上强调指出：要强化政治监督保障制度执行，增强"两个维护"的政治自觉。① 政治中心在"四个中心"中居于统领地位，北京全国政治中心建设要把服务保障放在首位。首都纪检监察机关要坚持党中央重大决策部署到哪里，监督检查就跟进到哪里，以更精准有力的政治监督护航政治中心服务保障作用的充分发挥。对此，时任北京市纪委市监委研究室副处长李丽认为，纪检监察工作要突出政治监督，护航政治中心服务保障作用的充分发挥，则须在四个方面下功夫：一是在稳中求进中下功夫；二是在标本兼治上下功夫；三是在守正创新上下功夫；四是在队伍建设上下功夫。② 此外，首都纪检监察机关还应认真学习贯彻习近平总书记对首都北京城市战略定位的重要讲话精神，深刻把握政治中心建设的时代内涵，推动政治监督具体化、常态化，为建设政治中心提供坚强保障。

---

① 习近平在十九届中央纪委四次全会上发表重要讲话［EB/OL］.新华网 http://www.xinhuanet.com/politics/2020-01/13/c_1125457206.htm? ivk_sa=1023197a.
② 李丽.政治监督护航政治中心建设［J］.前线，2020（6）：67.

第四章

全国文化中心建设

《史记·儒林列传》中有云:"故教化之行也,建首善自京师始,由内及外。"北京是享誉世界的历史文化名城,文源深、文脉广、文气足、文运盛。它既是传统中华文化集中、传播之地,也是现代中华文化融汇、展示之所,具有独特的文化底色和文明底蕴。建设全国文化中心既是中央赋予北京的重要职责,也是推动首都新时代全面转型发展的巨大契机。[①] 回眸"十三五",首都文化建设取得了可喜成绩;展望"十四五",全国文化中心建设绘就发展蓝图。

一、全国文化中心及其内涵

文化是一个国家、一个民族的灵魂。文化兴则国运兴,文化强则民族强。文化与一个国家或民族的历史、传统、价值观念等密切相关,是一个国家或民族区别于其他国家或民族的重要"基因"。

---

① 《北京市情数据手册 2017》(内部资料)。

倘若说文化中心城市的核心是一个城市在价值观和生活方式上的引导力、影响力，那么，全国文化中心则是代表国家整体文化水平、引领国家文化建设、充分融合多种文化并显示出国家文化软实力的文化中心地域。北京作为大国首都，既汇集了中华传统文化的精华，也是中国当代文明的集中体现，更是中国现代文化走向世界的窗口。北京是世界闻名的古都和历史文化名城，其3000年建城史和800年建都史留下了极为丰富的历史文化遗产，融汇了我国不同历史时期、众多民族的优秀文化，是中国及东方几千年古老文化的浓缩和典型代表。北京的文化优势使北京成为现代文化与古老文化、中国文化与世界文化的交汇处，对海内外都有很大影响和吸引力，无愧于全国文化中心城市之荣耀。

结合大国首都实际，北京作为全国的文化中心，其文化的总体构成，大致可概述为具有下列丰富内涵和强大功能的八大文化体系。

一是国家首都文化。文化涉及价值观念和意识形态，北京作为国家首都，全国文化中心建设应集中体现国家文化意识形态和文化价值导向的社会主义先进文化，全面引领和打造中国特色社会主义先进文化之都。

二是中华传统文化。北京作为全国的文化中心，也是汇聚、继承、传播和弘扬中华优秀传统文化的核心之所。

三是历史名城文化。北京历史文化遗产是中华文明源远流长的伟大见证，是北京建设世界文化名城的根基。相关资料显示，北京是具有3000多年建城史和800多年建都史的历史文化名城，历史文化深厚丰富，这既是北京历史文化魅力的重要组成部分，也是凸显北京历史文化之整体价值的重要构成。

四是现代国际文化。北京作为国际交往中心，也是国际文化交流和国际文化对话的中心，发展国际文化交流和建构现代国际文化是北京作为国家首都和国际交往中心的重要职能。

五是科教创新文化。北京是国家的科技、教育中心，不仅科技教育文化资源丰富，而且具有强大的人才优势和文化创新优势，发挥着文化人才培养、文化创新和文化发展的支撑性作用。

六是北京特色文化。在历史发展过程中，北京形成的丰富、浓郁和深厚的地域特色文化，是北京作为地域性城市的重要内容，是在北京城市日益现代化中具有持续地域魅力的文化要素。

七是创意产业文化。近年来，北京大力发展文化创意产业，形成了具有全国领先优势的创意产业文化，发挥着促进文化与经济融合创新发展的作用。

八是宜居城市文化。伴随着全民生态环保意识的提升，北京作为首善之区，相较于与其他城市，更应让生态宜居城市文化成为当下北京城市文化的重要组成部分，并发挥着重要的作用。

总之，北京是见证历史沧桑变迁的千年古都，也是不断展现国家发展新面貌的现代化城市，更是东西方文明相遇和交融的国际化大都市。这种意义上，首都文化的发展和繁荣，对建设具有国家价值导向性的文化、全国服务文化力的文化及国际影响力的文化等均具有重要意义。

二、北京作为全国文化中心的历史进程

1953年的《北京城市总体规划》草案提出：首都应该成为我

国政治、经济和文化的中心。特别要把它建设成为我国强大的工业基地和科学技术中心。

1954年10月26日北京市将《关于早日审批改建与扩建北京市规划草案的请示》和《北京市第一期城市建设计划要点》两份报告同时上报中央。报告中就首都的性质与规模做了说明："首都是我国政治中心、文化中心、科学艺术中心，同时还应当是也必须是一个大工业城市。"

1983年的《北京城市建设总体规划方案（1991年—2010年）》中关于北京的城市性质确定为"全国的政治中心和文化中心"。

1993年的《北京城市总体规划》，对城市性质解释说："北京是伟大社会主义祖国的首都，是全国的政治中心和文化中心，是世界著名的古都和现代国际城市。"

2005年的《北京城市总体规划（2004年—2020年）》再次明确了首都作为全国文化中心的性质和地位。

2014年2月，习近平总书记在视察北京工作时进一步明确了首都新时期战略定位，即建设全国的政治中心、文化中心、国家交往中心、科技创新中心。

2016年6月，北京发布《北京市"十三五"时期加强全国文化中心建设规划》，首次将加强全国文化中心建设规划列为市级重点专项规划，并将发展目标定位在2020年。

2017年8月，北京市委在推进全国文化中心建设领导小组第一次会议上，着力强调文化建设是首都建设的重要内容。[1] 同年9月，

---

[1] 指出要通过改革文化发展方式，保护历史文化，增强文化供给，推动文化产业与公共文化服务相结合，发挥北京文化创意产业在全国的引领作用。

《北京城市总体规划（2016年—2035年）》正式出台，进一步明确了北京是全国文化中心的功能定位。

进入2020年后，伴随着中央对文化建设工作的部署，人民对文化建设的需求和文化建设自身的形势与任务发生了很大变化。首都文化迎来难得的发展机遇，发挥全国文化中心示范引领作用的任务更加艰巨，人民群众对美好精神文化生活的需求更加高涨，文化建设作为重要引擎和增长极支撑经济社会高质量发展的需求更加迫切，维护意识形态安全和文化安全的任务更加繁重，有必要出台新的规划，对未来一个时期首都文化建设做出顶层设计。2020年4月北京市委宣传部、市发展和改革委员会等部门发布了《关于新时代繁荣兴盛首都文化的意见》（以下简称《意见》）和《北京市推进全国文化中心建设中长期规划（2019年—2035年）》（以下简称《规划》）两份文件。[①]《意见》和《规划》立足当前、着眼长远，

[①] 《意见》由八个部分构成，分为两大板块，提出新时代繁荣兴盛首都文化的基本思路和主要举措。《规划》由三大板块构成，分为十个篇章，按照全国文化中心"一核一城三带两区"总体框架谋篇布局，侧重实操性和中微观层面，细化了工作重点和政策措施，安排部署了一批重大项目和重要文化民生工程。很大程度上，《意见》《规划》以姊妹篇的方式，把中央对社会主义文化建设的新要求，把十二届北京市委对全国文化中心建设的总体谋划、实践成果、规律性认识予以系统表述，二者既独立成篇，又相互呼应，构成一个有机整体。《意见》按照"四个文化"（古都文化、红色文化、京味文化、创新文化）基本格局来展开，侧重思想性和宏观层面，系统梳理近年来关于"四个文化"的理论研究和实践成果，提出新时代繁荣兴盛"四个文化"的基本思路和主要举措；《规划》按照"一核一城三带两区"（一核是指以社会主义核心价值观为引领，建设社会主义先进文化之都，一城是指北京老城，三带是指大运河文化带、长城文化带、西山永定河文化带，两区是指建设公共文化服务体系示范区和文化产业发展引领区）总体框架谋篇布局，侧重实操性和中微观层面，细化了工作重点和政策措施，安排部署了一批重大项目和重要文化民生工程，比如，北京大运河国家文化公园和长城国家文化公园建设，大运河游船通航工程，三山五园地区重点文物腾退保护修缮工程，琉璃河西周燕都遗址保护工程，南海子文化遗产保护提升工程，城市副中心剧院、图书馆、博物馆、环球影城主题公园建设等。

为未来一段时期全国文化中心建设确定方向，明确任务、规划、路径，并着重突出以人民为中心、突出历史文化金名片、突出文化自信、突出文化软实力作用、突出文明交流互鉴等。

2021年1月北京发布《北京市国民经济和社会发展第十四个五年规划和二〇三五年远景目标纲要》，明确"十四五"时期"推进全国文化中心建设，是北京在社会主义文化强国建设中承担的重要使命和职责"。

综上可知，北京作为全国文化中心，其城市文化的保护、建设、传承、发展及创新等，从总体上来说，皆与城市规划对城市文化的认知高度相关。换言之，纵观北京作为全国文化中心的历史进程，北京的城市总体规划关于全国文化中心的定位与目标对首都文化建设发挥着关键性的导引作用。①

三、全国文化中心的功能

党的二十大报告指出，要深刻把握文化建设规律和文化在新时代新征程中的地位作用。通常来说，文化具有带动经济和社会发展的双重功能。就经济而言，文化属于可再生、可重复利用资源，文化与经济的融合能有效缓解人口资源环境矛盾，优化经济结构，推动产业升级，进而带动经济发展方式的转型。就社会而言，文化是稳定器、黏合剂和助推器，在民众价值观塑造、社会结构变动和社会形态变迁中发挥着引领和凝聚作用。从国际大都市的发展趋势来看，文化已逐步成为城市发展的战略资源和城市软实力的关键要

---

① 盛继洪等. 建设国际一流的和谐宜居之都研究 [M]. 北京：社会科学文献出版社，2017：85.

素，如伦敦提出建设"卓越的创新文化国际中心"，认为未来城市发展的基础和动力是文化，竞争的焦点是文化的生产力和影响力。[①]

2020年4月9日，北京市推进全国文化中心建设领导小组印发的《北京市推进全国文化中心建设中长期规划（2019年—2035年）》[②]中不仅提出了北京作为全国文化中心的发展目标即"努力把北京建设成为社会主义物质文明与精神文明协调发展、传统文化与现代文明交相辉映、历史文脉与时尚创意相得益彰，具有高度包容性和亲和力，充满人文风采和文化魅力的中国特色社会主义先进文化之都"[③]，而且明确规定了全国文化中心建设的五大战略定位，即"发挥凝聚荟萃功能，促进文化传承发展；发挥辐射带动功能，推动文化共同繁荣；发挥创新引领功能，持续激发创新创造活力；发挥传播交流功能，提升中华文化软实力；发挥服务保障功能，形成文化建设强大合力"。结合北京"四个中心"战略定位，全国文化中心作为首都四大核心职能，既是中央对北京的准确定位，也是

[①] 北京市人大常委会课题组. 推进全国文化中心建设［M］. 北京：红旗出版社，2012：63.
[②] 《北京市推进全国文化中心建设中长期规划（2019年—2035年）》. 详见网站：http://www.beijing.gov.cn/zhengce/gfxwj/sj/202004/t20200409_1798426.html.
[③] 完整表述为"充分利用北京文脉底蕴深厚和文化资源集聚的优势，以实现中华民族伟大复兴中国梦为历史使命，以增强人民群众文化获得感幸福感为出发点和落脚点，把握大国首都的时代方位，努力把北京建设成为社会主义物质文明与精神文明协调发展、传统文化与现代文明交相辉映、历史文脉与时尚创意相得益彰，具有高度包容性和亲和力，充满人文风采和文化魅力的中国特色社会主义先进文化之都"。在《北京城市总体规划（2016年—2035年）》中的具体表述为"文化中心建设要充分利用北京文脉底蕴深厚和文化资源集聚的优势，发挥首都凝聚荟萃、辐射带动、创新引领、传播交流和服务保障功能，把北京建设成为社会主义物质文明与精神文明协调发展，传统文化与现代文明交相辉映，历史文脉与时尚创意相得益彰，具有高度包容性和亲和力，充满人文关怀、人文风采和文化魅力的中国特色社会主义先进文化之都"。由此可知，二者尽管语序上有所调整，但其核心旨向是一脉相承的。

对北京文化的顶层设计。为此，北京必须在新时代新征程中的城市文化建设和京津冀一体化建设中，充分发挥北京作为文化中心城市的表率引领功能，发挥北京的辐射带动作用、提升驱动作用、桥梁纽带作用和荟萃集聚作用等。

很大程度上，首都作为全国文化中心的功能以内涵为基础，同特征相呼应，指的是在现实中产生的影响和发挥的作用。除少数功能单一的国家首都之外，首都既是一个国家的政治中心，也是一个国家的文化中心，具有文化价值引领、文化形象塑造、文化信息传播、文化创新驱动、文化服务保障等方面的功能。但归根结底，皆旨在满足新时代人民群众的精神文化需求，因为广大人民群众永远是文化繁荣发展的最终体验者、感受者和受益者。

总之，"城市首先是具有文化意义的存在"[1]，而这种存在无论是在物质层面还是精神层面都具有复杂性，这便要求文化中心的建设要立足城市战略定位，具有国家担当和全球视野，在此基础上，充分挖掘城市文化资源，发展特色文化产业，建设特色文化城市，将文化软实力寓于城市发展的核心竞争力之中。这样，从文化城市到全国文化中心，再到文化中心城市，北京作为文化中心的建设就有其独特的文化属性与文化功能。这不仅体现在首都文化[2]发展本身的价值，更体现在首都文化发展对于这座城市和大国之都的政

---

[1] [法]萨拉特. 城市与形态：关于可持续城市化的研究[M]. 北京：中国建筑工业出版社，2012：37.
[2] 关于首都文化和北京文化关系，二者在内涵和外延上均有所差异。从时间的角度来看，北京作为具有800多年建都史的封建王朝最后的都城，传承了数千年绵延不绝的都城文化；从空间的角度来看，它孕育于华北大地之上，产生于燕赵区域文化之中，缕缕丝丝，血脉相连。因此，首都文化并不只是北京的城市文化，其内涵与外延更为丰富。

治、经济、社会、国际交往、科技创新等全领域的积极助力上。

四、全国文化中心建设的主要进路

从国家层面来看，文化中心是中央赋予首都的重要战略定位和发展任务；从城市层面来看，文化中心建设则事关首都北京的软实力和长期竞争力。客观来看，在传统文化资源沉淀、文化影响力等方面的地位，北京已然成为全国文化中心城市。但在百年未有之全球大变局的新形势下，北京作为全国文化中心建设能级要力争对标世界城市，则仍需彰显的是国际性的文化影响和城市形象。

深入推进全国文化中心建设是一项全局性、战略性的长期任务。北京的文化建设首先应超越地域或行政区域上的"北京"范畴，从首都和全国文化发展的全局来认识首都北京的文化发展问题。为此，建设全国文化中心，既是中央和全国人民赋予北京的重要职责，也是推动首都文化走向世界的重要路径。

（一）高瞻远瞩：集中做好首都文化这篇大文章

建设全国文化中心，首要集中做好首都文化，特别是源远流长的古都文化、丰富厚重的红色文化、特色鲜明的京味文化和蓬勃兴起的创新文化这篇大文章。

第一，制定适宜的文化发展战略及政策。发达国家首都文化中心发展的经验表明，国家战略和政策对文化的繁荣和发展具有极其重要的导向和支撑意义。伦敦作为现今发达程度最高的世界文化城市的代表之一，进入21世纪后，在文化建设方面采取了一系列重大举措。如伦敦市长2003年2月公布的《伦敦：文化资本，市长文化战略草案》中，明确提出文化战略要维护和增强伦敦作为"世界卓越的创意和文化中心"的声誉,成为世界级文化城市。其中列举了今后10年中将要采取的13条文化政策,如政府将更多地投资世界级文化设施的建设和维护、吸引和创办更多的世界级文化盛会、建立文化的特色品牌、推动创意产业的投资和发展、通过文化加强社会的联系、发展文化合作组织、充分发挥公共场所的文化潜力等。首都北京要在进一步夯实文化自觉自信的根基上,着力推动首都文化及其相关产业的大繁荣、大发展,则须制定科学的文化发展战略,以明确新时代的文化中心建设发展方向。

第二,严格保护古都(老城)文化与合理开发利用历史文化遗产(京味文化)。城市是一个民族文化和情感记忆的载体,历史文化是城市魅力之关键。2019年11月初,习近平总书记在沪考察时曾指出,文化是城市的灵魂。城市历史文化遗存是前人智慧的积淀,是城市内涵、品质、特色的重要标志。[①] 习近平总书记在视察北京时多次强调老城不能再拆了,要妥善处理好保护和发展的关系,注重延续城市历史文脉,像对待"老人"一样尊重和善待城市中的老建筑,保留城市历史文化记忆,让人们记得住历史、记得住乡愁,坚定文化自信,增强家国情怀。[②] 诚然,城市作为人与自然和谐统一的生态体系是有生命的,其历史文化的厚重是彰显文化底蕴的重要因素。北京作为千年古都和当代中国的首都,文化不仅是城市魅力之源,也是城市发展之魂。

[①] 习近平在上海考察时强调 深入学习贯彻党的十九届四中全会精神 提高社会主义现代化国际大都市治理能力和水平 [EB/OL]. 详见人民网 http://politics.people.com.cn/n1/2019/1103/c1024-31434739.html.

[②] 中华人民共和国中央人民政府官网 [EB/OL]. 详见 http://www.gov.cn/xinwen/2019-11/03/content_5448158.htm.

第一，历史文化是城市的灵魂，历史文化遗产作为北京建设全国文化中心的宝贵财富，要像爱惜自己的生命一样保护好城市历史文化遗产，要本着对历史负责、对人民负责的精神，传承历史文脉，处理好城市改造开发和历史文化遗产保护利用的关系，切实做到"在保护中发展、在发展中保护"。鉴于首都现代文化中心的建设难免对历史文化遗产带来巨大的冲击，在保护与开发的冲突中，越来越多的首都在通过法律与政策的渠道保护和开发文化遗产方面达成共识，主要体现在两个方面：一是加大对物质文化遗产的保护力度；二是将非物质文化遗产推向市场。例如，巴黎市政府1994年制定的《巴黎大区总体规划》提出："巴黎的发展目标是拥有历史古迹、艺术建筑和文化遗产的城市，也是充满活力、创造力和生机的城市。"为此，巴黎成立了"老巴黎保护委员会"，负责对城市进行整修与改建。巴黎还成立了由专家和市民共同组成的文化政策机构——"城市艺术委员会"。这个委员会制定艺术定位标准，进行文艺作品审查，扶植优秀文化因素，并积极把政府的文化政策渗透到市民的生活中去。结合北京实际，当前亟须深化推进中轴线申遗保护工作，增强文化产业发展活力，丰富市民群众文化生活，同时还要进一步加强大运河文化带、长城文化带、西山永定河文化带的保护、利用及传承，推动公共文化服务体系示范区和文化创意产业引领区建设。

第二，北京老城作为中华文明源远流长的伟大见证，具有无与伦比的历史、文化和社会价值，是北京建设世界文化名城、全国文化中心最重要的载体和根基。因此，实践中应积极践行社会主义核心价值观，继续落实"一核一城三带两区"各项任务，完成老城整体保护规划，精心保护历史文化名城这张金名片。例如，老旧城区改造中，必须积极且有效回应不同利益群体的愿望、需求甚至苛刻要求等。工作量虽然很大，但相关部门要切实把工作做深、做细，当然民众也需要多理解、多支持，共同协助政府把为群众办的实事办好。总之，新时代首都北京传承发展古都文化，要坚持城市保护和有机更新相衔接、内涵挖掘和活化利用相统一、保护传统和融入时代相协调，不断强化"首都风范、古都风韵、时代风貌"的城市特色，擦亮北京历史文化金名片。

第三，鼓励倡导创新文化，引领全国文化中心建设。《习近平谈治国理政》第一卷中指出，对优秀传统文化"要处理好继承和创造性发展的关系，重点做好创造性转化和创新性发展"[1]。全国文化中心的建设固然离不开古都文化、红色文化、京味文化，但固化与回头都不是文化发展的正道，需要让深厚的文化可欣赏、可体验、可消费，让传统的文化有现代的展示、时尚的表达。为此，全国文化中心不应该只是保护与传承的文化中心，更应该是创新与引领的文化中心。

某种意义上，我们必须大力发展文化创意产业，建立健全激发文化创新创意的体制机制。文化创意产业是文化中心建设和发展的重要方向。世界上的文化中心城市往往都是一个创意之都，无论是管理制度、组织形式、产业发展、生活环境等，处处都体现着创新的灵魂，发展文化创意产业是北京建设世界文化中心城市的必要步骤。其实，21世纪以来，文化与经济和科技相互交融，作为一种新的经济形态，文化产业被称为"无烟产业"和"朝阳产业"。越

---

[1] 习近平. 习近平谈治国理政（第一卷）[M]. 北京：外文出版社，2018：164.

来越多的国家开始意识到文化产业大有可为，美、英、日、韩等一些发达国家继续推动文化产业向规模化、高科技化和国际化方向发展。文化产业日益成为一些首都城市的经济重点和支柱产业，在推动经济结构调整、产业机构优化升级、完善和提升服务功能、创造就业机会等方面发挥了重要的作用。结合北京实际，一方面，应持续优化与完善竞争、开放、激励等方面的体制机制，健全激发文化创新意识、鼓励创新实践、推广文化创新创意成果的制度体系。另一方面，应积极发挥政府、企业、高校、科研机构、社会组织等创新主体协同共享的制度优势，推动政策、人才、技术、资本、市场等创新要素聚集聚合，构建创新创意文化生态。

（二）顶层设计：充分发挥党政引领作用，加强立法保障

党政军民学，东西南北中，党是领导一切的。文化是党中央在新时代新征程中推进国家治理体系和治理能力现代化的重要组成部分，故加强党对全国文化中心建设的全面领导是十分必要的。党和政府从国家发展和民族振兴的战略高度提出，文化是一个民族的精神和魂魄，是国家和民族振兴的强大力量，要大力推动文化大发展大繁荣，提升国家文化软实力与国际影响力。朱相远认为首都北京的文化软实力包括民族凝聚力、国际影响力、社会稳定力、道德影响力、统一向心力、历史传承力、舆论导向力、宗教替补力、文艺创新力、语言示范力、时空定位力、信息调控力、新潮同化力、时尚倡导力、知识保护力、文明扩散力、生态平衡力和文化主权力。同时，他还认为这些文化软实力应与政治中心、国际交往中心和科

技创新中心建设密切结合起来。① 实践中，一方面，应充分利用北京文脉底蕴深厚和文化资源集聚的优势，发挥首都凝聚荟萃、辐射带动、创新引领、传播交流和服务保障功能，把北京建设成为弘扬中华文明和引领时代潮流的世界文化名城；另一方面，将推进全国文化中心建设和政治中心建设、国际交往中心建设、科技创新中心建设及加快转变经济发展方式、推动城市转型发展等有机结合起来，统筹规划，同步发展。

要建设世界一流的国家文化中心城市，甚至是世界级的文化中心城市，没有一个着眼于顶层设计的长期规划是不行的。党和政府在国家文化中心城市建设中的主导作用，首先体现在政府的文化发展战略和长远规划上。伦敦、巴黎和东京都有类似的规划，而且发挥了很好的作用。首都北京也应该制订这样的规划，并且以立法的方式保证其贯彻实施。2020年4月9日，北京市推进全国文化中心建设领导小组专门印发了《北京市推进全国文化中心建设中长期规划（2019年—2035年）》，明确提出"要对标对表中央对繁荣发展社会主义先进文化的目标要求，按照中央对首都文化建设的安排部署……坚持以首善标准做好首都文化这篇大文章"，但如何有效落实？实际工作中，除了强化北京市推进全国文化中心建设领导小组的统筹功能，坚持和完善党委统一领导、党政齐抓共管、宣传部门组织协调、相关部门分工负责、社会力量积极参与的工作体制和工作格局之外，还亟须在立法层面进一步保障。因此，今后应加强全国文化中心建设方面的法制建设，严格遵循"针对问题立法，立

---

① 北京市人大常委会课题组. 推进全国文化中心建设 [M]. 北京：红旗出版社，2012：194-196.

法解决问题"的原则,就当前制约首都文化发展和文化创新的关键问题、难点问题,统筹全市立法资源,推进立法工作。在立法内容上,既要制定直接为文化产业和文化事业的管理和服务的相关法规政策,也要从制度顶层设计着眼,进行有利于全社会形成创新文化、包容文化、法治文化的相关制度安排,如鼓励创新、容忍创新失误的制度安排,建立社会诚信体系的制度安排等,为首都以文化创新推动城市功能新定位提供法治保障。[1]

(三)平台搭建:努力搭建多层次的文化资源交流平台

北京集中了众多国家级和中央级的文化、科技、教育资源,发展文化的资源十分丰富,但由于行政隶属关系多元化,文化资源优势没有得到充分发挥。北京从建设全国文化中心的高度出发,于2017年成立了北京市推进全国文化中心建设领导小组,统筹协调各方面关系,打破体制藩篱和条块分割,整合一切优质的文化资源。在搭建文化交流平台整合资源的基础上,要加强北京和中央、地方的联动与协调运作机制,充分利用首都的市级、中央两级文化资源,完善首都文化的结构布局,避免重复建设和资源浪费。具体来说,可以着手搭建四个平台:一是搭建北京与中央文化资源共建共享的平台;二是搭建北京与地方文化资源交流、展示和相互借鉴的平台;三是搭建北京与国家文化资源交流、展示的平台;四是搭建北京与国际文化资源的交流平台。[2] 鉴于前三个方面的研究成果相对较多,在此重点探讨北京与国际文化资源的交流平台建设。当

---

[1] 北京市人大常委会课题组. 推进全国文化中心建设 [M]. 北京:红旗出版社,2012:69.
[2] 北京市人大常委会课题组. 推进全国文化中心建设 [M]. 北京:红旗出版社,2012:110-111.

然，这也是从"四个中心"全局战略定位出发，在全球视域中重视文化的国际交流，努力打造北京全国文化中心国际影响力。

一方面，应重视国家层面间的文化交流。在经济全球化和文化多元化的背景下，文化交流在国际关系中的地位越来越突出，利用文化来提高本国国际地位和影响力，日益成为世界各国发展的战略选择。许多国家的首都作为文化中心都积极结合本国的文化特点探索文化国际化的交流、输出之路。例如，法国巴黎当年推出"巴黎不眠之夜"（Nuit Blanches）之后，欧洲其他国家首都城市纷纷效仿，如布鲁塞尔、马德里、罗马、阿姆斯特丹等与巴黎携手，相继创建"欧洲不眠之夜"（Nuits Blanches Europe），旨在加强欧洲层面上的交流，分享彼此经验，实现共同的艺术规划。[①] 俄罗斯非常注重国际文化交流，尤其是俄中文化交流。近年来，中俄举办了俄罗斯文化节，涵盖了芭蕾、歌剧、交响乐、民族歌舞、流行音乐、话剧、木偶剧、展览等多种形式。

另一方面，持续打造首都文化中心国际影响力。人们对文化重要性的认识随着社会历史的发展而发展。16世纪欧洲宗教改革的发起者，德国教授马丁·路德说："一个国家的前途，不取决于它的国库之殷实，不取决于它的城堡之坚固，也不取决于它的公共设施之华丽，而在于它的公民的文明素养，即人们所接受的教育、人们的学识、开明和品格的高下。这才是利害攸关的力量所在。"[②] 孟德斯鸠曾经指出，文化是一种普遍的社会现象，作为一种包括知

---

① 尹明明. 巴黎文化政策初探 [J]. 现代传播，2010（12）.
② 伊继佐. 2004上海文化发展蓝皮书 [M]. 上海：上海社会科学院出版社，2004：17-19.

识、信仰、艺术、道德、法律及风俗习惯的文化复合体,规定着特定区域内的社会成员及其社会制度发展。任何社会制度都是在特定的文化氛围中形成和发展的,它不免受到特定文化的制约和影响。现代社会以来,文化的重要性更进一步被提到重要生产力要素和制度软实力的高度。有学者指出,在社会生产力发展的诸要素中,文化的波长是最长的,影响力是最深远的。① 任何一个国家的文化中心,都希望自身文化能够在国内外产生巨大的影响。首都北京作为全国文化中心,除硬件指标外,其核心含义是文化影响力、创造力或文化魅力,更具体说是一个城市在价值观、生活方式、时代精神等方面对全国及整个世界的辐射力、引导力和渗透力。为此,不断提升和打造自身的文化影响力是首都北京全国文化中心建设的永恒使命。

(四)体系构建:深化公共文化服务体系建设,统筹整合文化资源

实践证明,通过多种途径加强公共文化服务体系建设,提升文化中心的整体水平,是诸多国家增强文化中心影响力的基础性工作。例如,巴黎市政府自2002年以来,连续举办"巴黎不眠之夜"活动。该活动以整个巴黎为舞台,邀请全体市民一起参与,鼓励大家走进博物馆、画廊、图书馆,免费参观各类常态展出和特展。同时,为便于巴黎民众出行,活动当晚公交车和地铁全都免费。② 东京的文化政策也是围绕为广大市民提供接近艺术文化的机会,如通过援助鉴赏事业进行的主要有建设文化设施、支持艺术文化展示、

---

① 彭兴业. 首都城市功能研究 [M]. 北京:北京大学出版社,2000:138.
② 尹明明. 巴黎文化政策初探 [J]. 现代传播,2010 (12).

扶植国际艺术文化传播等。日本政府对公益性文化体系的建设高度重视，制定了一系列比较完整的法律法规，以保障所有的文化运作都在法规的框架内进行。日本在2001年制定并颁布了《文化艺术振兴基本法》，东京都政府据此制定了明确的文化政策，并提出了许多切实可行的具体措施，旨在提升每一个公民的文化素质。[1]

当前首都北京已进入从聚集资源求增长到疏解功能谋发展的新阶段，文化建设作为重要引擎和增长极，支撑经济社会高质量发展的诉求更加迫切。北京不仅要注重城市文化的可持续发展，研究制订推进老城整体保护实施方案，严格执行皇城保护规划，而且更要在公共文化服务方面下狠功夫、硬功夫。具体来说，涉及社区文化服务建设、主题公园文化服务建设及集聚全球特色的奥林匹克中心文化服务建设等。例如，关于社区文化服务建设。这是文化向基层渗透的重要方式，也是毛泽东同志当年提出的如何解决文化普及和提高的问题。实践中，这还是提高首都市民素质、保持首都政治稳定的投资最少、效益最好的办法。关于主题公园文化服务建设。北京现有一些"好事之徒"正在筹建和平文化村，这个项目不需要政府投资，而是向市场融资，里面有会展中心、博物馆、艺术品鉴赏等，为了吸引儿童参与，还引进了一些火箭、失重方面的航天体验设施，创意很好，是个发展方向。北京奥林匹克中心文化区的建设，其主要是集体育、文化、会议会展、旅游、科技、商务于一体的现代体育文化商业活动区。对此，应突出国际交往、体育休闲、文化交流等功能，提高国家会议中心服务接待能力，提升中国（北

---

[1] 伊继佐. 2004上海文化发展蓝皮书[M]. 上海：上海社会科学院出版社，2004：194-223.

京）国际服务贸易交易会等品牌活动的影响力，促进多元业态融合发展。在此基础上，积极统筹整合上述不同文化服务体系建设的资源，实现合力最大化。相关统计数据显示，目前北京已有149家大小剧场、163家博物馆、260家电影院、近1300家实体书店、5800多家公共图书馆，7000多家新时代文明实践中心（所、站）和上万家文化馆站遍布京城。① 未来，北京还将打造城区2公里影院圈、15分钟阅读圈、覆盖全市的高清交互数字电视网络等，以不断统筹整合文化资源，提升公共文化服务质量，助力全国文化中心建设。

（五）文化自信：积极培育高度的文化自觉和自信

作为闻名世界的东方古都，首都拥有深厚的文脉底蕴和璀璨的历史文化遗产，有充足的理由和底气，加强自身文化的自觉，建立高度的文化自信。一方面，充分弘扬中华优秀传统文化。精心保护好北京历史文化遗产这张中华文明的金名片，不断加强历史文化名城保护和优秀传统文化传承工作，坚持"民族的就是世界的"，广泛推动优秀传统文化的国际化输出和交流，逐步提升世界文化之林中的中华文化地位和影响力。另一方面，坚持中国特色社会主义文化道路。始终坚持社会主义核心价值观，以人民利益为根本诉求，推动首都文化事业的蓬勃发展。努力把北京建设成为社会主义物质文明与精神文明协调发展，传统文化与现代文明交相辉映，历史文脉与时尚创意相得益彰，具有高度包容性和亲和力，充满人文关怀、人文风采和文化魅力的中国特色社会主义先进文化之都。

---

① 陈雪柠. 党的十八大以来，"四个中心"功能建设全面增强——新时代首都发展实现历史性跨越［N］. 北京日报，2022-09-23.

一是营造创新驱动、多元包容的文化发展环境。围绕政策促进文化环境建设，不断优化提升文化艺术、新闻出版、广播影视等首都传统优势行业，发展壮大设计服务、广告会展、艺术品交易等创意交易行业。顺应当今世界文化产业创新发展趋势，充分利用首都信息技术资源充足、文化资源丰厚的优势，大力推动文化创意产业与科技产业的创新融合，培育和壮大数字内容产业体系。鼓励积极创新，推进文化创意和设计服务与高端制造业、商务服务业、信息业、旅游业、农业、体育、金融、教育服务产业等领域融合发展。另外，文化产业的繁荣离不开多元包容的发展环境，首都要在高度的文化自信基础上打造具有高度包容性和亲和力的发展环境，坚持在法律法规框架内最大限度地支持文化艺术的创作和创新，激发全社会文化创新创造活力，建设具有首都特色的文化创意产业体系，打造具有核心竞争力的知名文化品牌。

二是打造首都特色的城市文化印象。独有的城市文化印象是一个文化中心城市展示推介、扩大影响力的重要抓手，因此打造首都特色的城市文化印象是提升文化中心功能建设质量的重要环节。回顾千年历史，丰厚的历史文化沉淀和遗产是北京作为古都的最大的文化特色，历史文化名城是首都的天然的金字招牌；展望未来，伴随国家转型创新发展道路，首都需要在创新发展大潮中先行先试、创新引领。创新文化将全面而又深刻地嵌入首都未来发展的方方面面，创新也将成为首都作为现代化大都市的最为显著的文化特色。因此，围绕"历史名都、创新之都"，积极打造和提升首都特色的城市文化印象，一方面要加强对首都历史文化遗产的精心保护，不断深化历史文化内涵，着力提升历史文化展示形象，重现世界著名历史古都之荣耀；另一方面要坚持创新驱动发展的共识，推动首都城市体制机制、社会管理、产业融合、科技研发、文化艺术等诸多领域的创新发展，大力营造创新的文化氛围，培育首都创新之城的文化气质。

（六）教育支撑：充分发挥教育的关键支撑与辐射带动作用

北京作为千年古都和当代中国的首都，文化不仅是城市魅力之源，也是城市发展之魂。要集中做好首都文化这篇大文章，需要教育在全国文化中心建设中发挥辐射带动、创新引领和服务保障的关键支撑作用。①

具体来说，第一，以教化人，寓教于行，促进北京特色文化的传承创新。通过各级各类学校文化建设和学校文化宣传，坚持国家文化意识形态和文化价值导向的社会主义先进文化，积极传承中华优秀传统文化；统筹校内外文化资源，打造一批展现中华文化自信和首都文化魅力的校园文化；完善社会文化资源与学校的有效对接，以优秀文艺作品进校园的方式拓展优质文化艺术资源，提高学校文化育人水平。在此，需注意的是，文化最终应融入生活，而不是在话语之中。只有每个人都有发自内心的认同，建立文化信仰和文化理想，并把这些外化到行为层面，文化的价值才能真正体现。这也是"寓教于行"的意义所在。第二，进一步加强新时代北京精神文明建设，不断提高首都市民整体综合素质，提升首都迈向世界城市的文化软实力和国际影响力。习近平总书记视察北京工作时强调，要坚持人民城市为人民，以北京市民最关心的问题为导向，增

---

① 北京市人大常委会课题组. 推进全国文化中心建设 [M]. 北京：红旗出版社，2012：230.

强人民群众的获得感。从根本上来说，人民群众获得感不仅源自物质生活的改善，更源自精神世界的丰富，因为精神世界的丰富不仅仅是科学文化素养的提升。一方面，文化的传承和创新是现代城市治理与经济社会发展的精神支撑和持久动力。现代城市治理的深层目标是塑造民众的自助、自立、自强精神，养成民众的友善、互助、公益情怀，培育民众的创新、开放、包容心态。另一方面，新时代城市现代化建设更需要具有创新能力和现代素质的人才，也需要城市市民具有现代文明素质。[①] 作为全国文化中心，首都北京必须始终保持强盛的文化创新能力。为此，继续加强新时代北京精神文明及其教育建设，在文化教育的观念创新、体制创新、管理创新等方面引领全国，不断提升首都迈向世界城市的文化软实力和国际影响力。毋庸置疑，在这一过程中教育则起着关键性的支撑作用。

（七）文化与创新：坚持文化创新，营造创新文化

文化创新是指人们在社会实践和文化传承的基础上，依据时代特征，构建文化的新理论、新内容、新制度、新技术，赋予文化时代性的变革，这种变革不是对传统的否定，而是对传统的重塑，取其精华，去其糟粕，进而形成符合时代发展要求的新文化。对文化的发展而言，传承和传播是基础。其中，传承主要以文化的继承性为逻辑起点，侧重纵向延续；传播主要以文化的多样性为逻辑起点，侧重横向交融；而在文化传承与传播基础上加以创新，则是文化发展的更高层次要求，是一国（地区）或民族的文化精髓永葆生机的内在要求。一个城市或地区文化创意水平不仅表征着该城市或

---

① 方中雄，桑锦龙等. 北京教育发展研究报告（2018年卷）："四个中心"建设与首都教育新使命 [M]. 北京：知识产权出版社，2019：1.

区域经济发展的现代化程度,也代表着城市文化的繁荣程度。

大力推进首都文化创新是北京实现经济结构调整和产业结构升级的有效途径。结合当前北京"四个中心"建设,加快推进文化创新步伐,大力发展文化创新产业,有利于从根本上推动北京全市经济结构深度调整,产业结构优化升级,优化城市空间布局,完善和提升城市服务功能。其一,区别于传统服务业和现代制造业,文化创意产业具有对物质资源消耗少、对城市基础设施和公共资源占用少的特征,符合首都功能定位和北京资源禀赋特征,能够有效解决城市承载力不足的问题。其二,文化创意产业能够深化产业融合,推动传统产业升级,直接带动工业设计、现代制造、金融、信息、旅游、商贸等生产性服务业的发展,同时可以拉动科技、教育、培训等相关行业发展,形成一系列的融合产业、衍生产业、支持产业和配套产业等的发展。其三,文化创意产业的发展能够激发消费热点、引领消费时尚、改善消费结构,扩大就业和创业,丰富公众文化生活,提高全民文化素质,进而提升首都文化品质,创造文化价值,增强文化竞争力和影响力。[①]

文化创新不等同于创新文化。首都北京,作为全国文化中心,既应该是优秀文化的"传承者",也应该是全国创新文化的"引领者",更应该是未来文化遗产的"创造者"。如果说文化创新是全国文化创新中心建设的基本要件,那么创新文化则是建设全国文化创新中心的根本所在。一个创新国家、创新社会,需要建立批评新常态,把批评和自我批评作为创新型国家的基本要求,这样才会有

[①] 北京市人大常委会课题组. 推进全国文化中心建设 [M]. 北京:红旗出版社,2012:64.

思想市场的形成，创新才会有不竭动力。具体来说，创新文化需要培育，要营造鼓励创新、宽容失败、形成思想的市场。为此，要进一步解放思想，尊重创新发展规律。唯有如此，才能形成更加开放的创业氛围。而故步自封，僵化保守，领导为上，都不利于创新文化的形成。①

创新文化有赖于民主制度的建设。只有民主制度的不断健全和完善，民众的各项自由有了切实保障，形成了活跃的思想市场，创新才有不懈动力和源泉。因此，推进中国特色社会主义民主制度建设，包括推进党内民主，推进选举民主和协商民主，对创新文化的培育和形成才更具重要意义。未来，只有建设一个常态的现代国家，国际社会对这个国家的未来有清晰的预期，这个国家才能被国际社会广泛接受和理解，才能够真正成为国际社会的引领者。② 换言之，只有建立一个常态的现代国家，形成浓郁的创新文化土壤，并在此基础上建立相应的有利于创新思想形成的体制机制，中国在国际舞台上，才具有不懈的动力和十足的底气，实现从跟随者向引领者的转变。

---

① 陈剑. 都城北京：一核两翼与京津冀协同发展 [M]. 北京：中国发展出版社，2019：94-95.
② 陈剑. 都城北京：一核两翼与京津冀协同发展 [M]. 北京：中国发展出版社，2019：74.

第五章

国际交往中心建设

北京作为首都，是中华人民共和国的象征，是向全世界展示中国的首要窗口。北京国际交往中心建设，是落实首都城市战略定位的必然要求，是履行好"四个服务"的职责所在，旨在更好地服务党和国家发展大局之战略目标。

一、国际交往中心定位及内涵

国际交往中心一般是指在国际交往中具有一定影响力，能够在地区或全球发挥重要作用的城市。[①] 有学者将国际交往中心的特点概括为六个方面：一是国际机构数量众多，包括外交机构及友好城市、国际组织或区域组织的总部机构或办事处、国际商业机构等；二是国际交流活动频繁，涉及外交访问和友好往来、大型国际会展等；三是国际交往规模庞大，包括出入境人口规模、常住外国人数量等；四是国际交往设施发达，包括大型交流设施、国际交流中心

[①] 刘波等."一带一路"背景下的北京国际交往中心建设[M].北京：中国经济出版社，2017：147.

区、现代航空口岸、便捷的交通网络、城市标志系统等；五是国际服务系统完善，涉及专门的服务机构、信息服务系统、涉外饭店、外语人才、相关法律和政策等；六是城市形象魅力突出，包含城市形象、文化底蕴、生态环境等。[1] 简言之，国际交往中心的重要特征就是国际政治、经济和文化资源的高度聚焦，各种国际组织和机构汇聚于此，国际交往活动高度频繁。另外，从全球化与世界级城市研究小组与网络（CaWC）发布的《世界城市名册》来看[2]，北京在世界城市中的排名已从2008年的Alpha+级、总第10位，上升至2018年的Alpha+级、总第4位（全球共有361个城市入围这份名单），仅次于Alpha++级的伦敦、纽约和Alpha+排名第一的中国香港[3]，凸显出作为国际交往中心的北京在世界城市体系中日益突

---

[1] 张杰. 特大城市中心城区国际交往功能提升研究［M］. 长春：吉林出版集团股份有限公司，2015：5-24.
[2] CaWC以英国拉夫堡大学为基地，自1990年起开始尝试为世界级城市进行定义和分类，其发布的《世界城市名册》是目前全球关于世界城市最权威的排名。该机构的排名依据主要包括：(1) 国际性、为人熟知；(2) 积极参与国际事务且具影响力；(3) 相当大的人口规模；(4) 重要的国际机场，作为国际航线的中心；(5) 先进的交通系统，如高速公路/大型公共交通网络，提供多元化的运输模式；(6) 亚洲城市要吸引外来投资，并设有相关的移民社区；西方城市要设有国际文化社区；(7) 国际金融机构、律师事务所、公司总部（尤其是企业集团）和股票交易所，并对世界经济起关键作用；(8) 先进的通信设备，如光纤、无线网络、流动电话服务，以及其他高速电信线路，有助于跨国合作；(9) 蜚声国际的文化机构，如博物馆和大学；(10) 浓厚的文化气息，如电影节、首映、热闹的音乐或剧院场所；交响乐团、歌剧团、美术馆和街头表演者；(11) 强大而有影响力的媒体，着眼于世界；(12) 强大的体育社群，如体育设施、本地联赛队伍，以及举办国际体育盛事的能力和经验；(13) 在近海城市中，拥有大型且繁忙的港口。根据这些标准，CaWC将全球主要城市分为四大等级：Alpha（一线城市）、Beta（二线城市）、Gamma（三线城市）、Sufficiency（自给自足城市，也可称为四线城市），每个等级内部又会用加减号来标记各等级之内的次级别。
[3] GaWc. Classification of Cities 2018 [EB/OL]. [2018-11-14]. https://www.iboro.ac.uk/gawc/.

出的角色和地位。①

此外，值得注意的是，北京作为国际交往中心，很大程度上是为北京作为中国首都和政治中心服务的。因此，诸多国际交往事宜，特别是一些外事活动，更多的是中央政府的国际交往，而北京市作为一个地方政府，其责任只是这些外事活动的具体承担者。如国际交往中心的硬件和软环境建设，诸多内容或事项不是北京单方面所能够决定的。根据我国《宪法》规定，国家外交事务的权力被赋予中央政府，地方政府在具体的对外交往实践中，其自主权、财政和资源控制权非常有限。所以，如何进一步明晰各自工作职责，理顺中央政府与地方政府的权力范围，实现北京市对外交往与中央外交的互利共赢，是北京国际交往中心建设面临的重要问题。②

二、北京国际交往中心建设的现实基础

在《北京市"十三五"时期加强国际交往中心建设规划》等政策文件的指导下，近年来首都北京扎实推进国际交往中心各项任务落实，重点加强硬件和软件建设，有效提升了北京承担重大外交外事活动服务保障能力和向世界展示我国改革开放和现代化建设成就的窗口作用。这些显著成效主要表现在服务保障国家重大外交外事活动常态化、国际高端资源加速集聚、开放型经济发展水平进一

---

① 方中雄，桑锦龙等．北京教育发展研究报告（2018年卷）："四个中心"建设与首都教育新使命［M］．北京：知识产权出版社，2019：162．
② 陈剑．都城北京：一核两翼与京津冀协同发展［M］．北京：中国发展出版社，2019：63．

步提升、科技文化交流日益活跃、多领域对外交流深入开展等诸多方面。① 这对"十四五"时期深化北京国际交往中心建设提供了可充分利用的基础资源条件，如逐渐形成了一定的城市文化国际影响力，在国际社会中发挥着越来越重要的作用，友好城市的对外交流取得显著进展，打造出具有知名度的大型国际节展品牌，正在形成规模化的国际高端文化产业集聚区域，以及北京文化产业、文化贸易发展势头良好等。

然而，必须清楚地认识到，当前北京在全面深化推进国际交往中心建设中还存在诸多问题，当然其中一些问题亦是"十四五"时期北京建设国际交往中心需要解决的主要问题，如城市国际化程度有待进一步提高，缺乏长远的整体规划；对文化资源挖掘、整合与创新的力度不够；对外文化交往参与主体单一、力量分散；尚未培育出大型国际性文化企业、成熟的国际性文化产业群；缺乏复合型文化经营人才等。② 一定程度上，与世界发达国家的国际交往中心发展状况相比，北京国际交往中心建设在国际化水平上仍存在很大差距，主要凸显在如下方面：一是国际组织总部落户不多。目前在北京设立总部的政府间国际组织有 7 个，政府间国际组织驻京代表机构 24 个，在北京吸引和聚集国际活动方面所发挥的作用尚不够突出。二是在北京举办的大型国际会议相对缺乏。北京近年来也举办了 APEC 峰会、"一带一路"国际合作高峰论坛、中国国际服务贸易交易会全球服务贸易峰会及中关村论坛、金融街论坛等重大国

---

① 刘波."一带一路"背景下的北京国际交往中心建设[M].北京：中国经济出版社，2017：187-191.

② 刘波."一带一路"背景下的北京国际交往中心建设[M].北京：中国经济出版社，2017：191-193.

际会议，但相较于纽约、布鲁塞尔等国际城市，北京的国际会议不仅数量偏少，而且固定会议不多，整体影响力仍有不足。① 相关统计数据显示，2017年至2021年，北京累计接待党宾国宾团组821个，接待国际展览638个。② 特别是在近两年全球新冠肺炎疫情的影响下，全球性的国际会议更是急剧减少，毫不客气地说，全球国际性的会议都在剧减，这对全球国际交往中心城市的建设都带来了严重的冲击。

三、北京国际交往中心城市建设的主要路径

《北京市国民经济和社会发展第十四个五年规划和二〇三五年远景目标纲要》中明确提出"持续强化国际交往中心功能"。"十四五"时期持续加强北京国际交往中心设施和能力建设，既是落实首都城市战略定位的必然要求、履行好"四个服务"的职责所在、建设国际一流和谐宜居之都的必然战略选择，也是推动我国迈向世界舞台的关键一步、营造和谐友好外交氛围的必要前提，同时还是

---

① 尽管这些问题产生的原因是多方面的，但首都教育及人才建设依然需要加强反思自身所存在的问题，其助力国际交往中心功能建设的薄弱之处凸显在首都人才国际化发展中仍存在诸多不均衡现象。例如，国际交往中心建设对首都教育发展提出硬件和软件两方面的紧迫需求。前者集中体现在对教育对外交往平台的建设要求上，后者突出体现在对人才培养和教育对外交流氛围的发展要求上。但不论是哪种需求，归根结底都是要求把首都教育打造成为服务国际交往中心功能建设的重要窗口。这个"窗口"，既要具有成果展示的价值，也应充分发挥吸引和集聚外部优质资源的渠道和桥梁作用。只有均衡发展，才能更好地为国际交往中心建设提供有力保障与支撑。方中雄，桑锦龙等. 北京教育发展研究报告（2018年卷）："四个中心"建设与首都教育新使命［M］. 北京：知识产权出版社，2019：165.

② 陈雪柠. 党的十八大以来，"四个中心"功能建设全面增强——新时代首都发展实现历史性跨越［N］. 北京日报，2022-09-23.

深化我国对外开放国策的重要一环，为国际合作项目的达成奠定了良好基础。

当前，在世界百年未有之大变局和国内外"双循环"大格局下，北京国际交往中心的建设应紧密围绕《北京城市总体规划（2016年—2035年）》要求"适应重大国事活动常态化，健全重大国事活动服务保障长效机制，加强国际交往重要设施和能力建设"，重点可在以下方面发力。

（一）坚持习近平新时代中国特色社会主义外交思想，积极主动服务国家外交战略

当今世界，尽管国际关系格局在新的力量掣肘中不断发生着错综复杂的调整变化，但全球化的多领域拓展和国际安全形势的加强，不断将各国融合为休戚与共的人类命运共同体，汇聚着和平发展的强大力量。随着改革开放的深入推进及"一带一路"等合作倡议的提出，我国在国际交往中发挥着越来越重要的作用，并主动承担起更多的大国责任。作为国际交往中心，首都北京无疑需要肩负起更大的历史使命，塑造良好的对外交往环境，打造大国之都的良好形象。[1]

第一，推进国际交往中心功能建设是服务国家总体外交大局的根本任务。北京国际交往中心的建设要以习近平新时代中国特色社会主义外交思想为指导，以中央总体外交布局为依托，更加主动服务国家外交战略实施，积极融入"一带一路"相关规划，充分发挥首都科技、文化、人才等资源优势，进一步加强国际交流交往，提

---

[1] 方中雄，桑锦龙等. 北京教育发展研究报告（2018年卷）："四个中心"建设与首都教育新使命 [M]. 北京：知识产权出版社，2019：163.

升北京国际影响力。当前，要抓住抓好中国（北京）自由贸易试验区建设契机，加快国际金融类组织集聚，提升中国国际服务贸易交易会规格和能级，并将其打造成为国际服务贸易主平台等，以助力北京国际交往中心建设。

第二，在服务国家总体外交的同时兼顾服务北京社会经济发展。一般来说，地方政府的外事活动应首先满足服务中央总体外交大局的需要，同时也要兼顾城市自身社会经济发展的综合需求。北京作为首都，要充分发挥政治、经济、文化等方面资源优势，推动北京国际活动聚集之都的建设。结合北京经济社会发展实际，积极筑巢引凤，借势发展，优化营商环境，聚焦国际综合商务合作、国际科技创新合作、国际金融和商务服务、国际多元文化交流的核心功能，进一步完善区域国际化配套设施，营造国际化服务环境，积极打造朝阳国际交往中心功能建设的新优势，助力首都高质量发展和可持续发展。

第三，积极推动民间外交与城市公共外交并举，大力开展国际友好城市工作。在首都北京，民间外交的扩展和深化有着广阔的空间和舞台，需要进一步制定相关政策，鼓励民间外交开展。如邀请周边国家及传统友好组织来访；与民间友好组织建立日常的联系，并利用北京文化周、城市发展论坛、工商业洽谈会等交流形式开展城市对外交往活动，丰富国际交往内涵。

总之，百年变局下的国际新形势、新背景为国际交往中心建设提出了更高要求，首都北京亟须在服务国家开放大局、不断拓展对外开放的广度和深度、积极培育国际合作竞争新优势、向世界展示社会主义国家伟大成就等方面发挥更加积极的推动作用。

（二）抓好"软硬件"建设，优化国际交往功能体系、空间格局和政策体系

关于首都北京国际交往中心功能建设的发展方向，时任北京市委书记蔡奇曾明确要求"抓好两头"：一头"抓硬件"，就是服务设施的扩容、完善和提升，要体现超前性，留出发展空间，在全市范围统筹服务设施能力建设，对于雁栖湖国际会都、国家会议中心、亚洲基础设施投资银行等建设，要注重错位发展、功能互补；另一头"要抓好软件"，就是提升服务保障水平，认真总结"一带一路"国际合作高峰论坛（2017年）及中国国际服务贸易交易会（服贸会2020年）服务保障的实践经验，重新整理服务流程，形成一支具有国际一流水准的服务保障队伍。①

具体来说，一要抓好专项规划和重点项目等"硬件"建设。2020年6月24日，时任北京市委书记蔡奇主持召开的北京市委常委会议专门研究了《北京推进国际交往中心功能建设专项规划》，明确指出"要抓好专项规划和行动计划实施，努力将北京建设成为承担我国重大外交外事活动的首要舞台、引领全球科技创新和交流合作的中心枢纽、展现中华文化自信与多元包容魅力的重要窗口、彰显我国参与全球治理能力的国际交往之都"。而这些专项规划的基础就是要率先建设好相关基础设施，扎实推进雁栖湖国际会都扩容提升、建成国家会议中心二期、启动建设第四使馆区、完善大兴国际机场、城市副中心等地区国际交往服务设施与功能，着力规划建设一些国际组织集聚区（奥林匹克国家公园附近就聚集有亚投行

---

① 徐飞鹏，武红利.蔡奇到怀柔区调研时强调超前谋划国际交往中心功能建设[N].北京日报，2017-08-07.

及相关专业机构等），争取一批国际组织、跨国公司总部和国际专业机构落户等。与此同时，还应尽可能地在这些兼具外交属性的国家或城市发展基础设施建设上进一步突出"国际元素"，以更好地吸引国际组织、跨国企业总部、国际人才等高端要素聚集为目标，打造与国际要素交融的发展环境，为日益增长的国际交往服务，满足国家、城市和国际主体等的综合需要。此外，要逐步加强国际交往设施聚集区或功能区周边综合整治和环境提升，完善商务配套、娱乐休闲及全球风味美食功能等。2021年9月5日北京市发布的《北京培育建设国际消费中心城市实施方案》中就明确提出"力争5年内建成荟萃全球风味的美食之都"[1]。

二是科学处理空间规划与功能布局关系，重点打造一批特色化国际交往功能区。北京国际交往中心建设应结合国家总体外交需求和城市发展定位，按照北京国际交往"一核两轴多板块"总体布局进行功能细分，特别是要根据各辖区国际交往空间资源特征，对重点区域国际交往潜力进行科学评估，明确具体功能定位，满足国际交往的多样化需求，并为其可持续发展预留空间。[2] 针对北京国际交往空间格局的科学合理规划，应根据区域发展的不均衡性，因地制宜，分城区、分阶段、分步骤推进国际交往中心建设。从区域特点来看，受地域特点和历史、经济、文化等因素的影响，北京市现

---

[1] 《北京培育建设国际消费中心城市实施方案》中提出，力争到2025年，率先建成具有全球影响力、竞争力和美誉度的国际消费中心城市，成为彰显时尚的购物之城、荟萃全球风味的美食之都、传统文化和现代文明交相辉映的全球旅游目的地及引领创新生态的数字消费和新型消费标杆城市，打造形成具有全球竞争力的体育、教育、医疗、会展等一系列"城市名片"。
[2] 李军凯，张红，孙艳艳. 加快推进北京国际交往中心建设[N]. 经济日报，2019-11-22.

辖 16 个区在国际交往中心建设中所发挥的作用各不相同,其在国际交往中的功能定位、发展路径和发展目标等方面也存在不同程度的差异。从各城区国际交往的发展态势来看,可以大致归纳为三类:第一类是国际交往起步早、发展好的城区,包括东城、西城、朝阳、海淀四区;第二类属于发展中的国际交往新城区,包括丰台、通州、大兴、顺义、昌平、怀柔、密云、延庆八区;第三类是国际交往参与度逐步提高的城区,包括石景山、房山、门头沟、平谷四区。未来,随着北京城市副中心的深入推进,应逐步以城市副中心、顺义、怀柔、大兴、延庆等区为重点打造一批特色化国际交往功能区。例如,以大兴新机场为契机,打造更具国际竞争力的航空枢纽,更好地支撑北京国际交往中心建设;优化与提升朝阳区现有使馆区及相关区域服务设施,为外国驻华使领馆、国际组织驻华代表机构、外国驻京新闻媒体等国际机构与组织提供优质服务等。朝阳区作为北京"一核两轴多板块"国际交往空间布局中的重要组成部分,是全面落实首都"四个中心"城市战略定位的核心城区之一,要进一步提高思想认识,紧抓第四使馆区规划建设机遇,高起点、高标准规划建设金盏国际合作服务区及周边区域,努力将金盏国际合作服务区及周边区域打造成"第二个三里屯",营造时尚、活力、具有国际化特色的高品质街区环境,再塑朝阳国际交往中心新亮点。

三是持续优化与完善北京国际交往功能体系。整体来说,新时代的北京国际交往中心建设应不断优化和完善纵横交织的多主体、多层级、跨区域的协同合作网络。以服务国家总体外交为核心,加强与"一带一路"沿线国家交流合作,继续保障重大国事活动,并加强与中央有关部门深度对接，为推动实现相关政策优惠、优化国际交往服务争取国家支持；作为京津冀核心城市，要加强与津冀两地在外宾接待、侨务、友城建设等方面合作，实现三地外事资源优势互补；加强城市各部门之间沟通协作，完善涉外宣传、外事接待、国际企业服务等综合服务系统。与此同时，要发展多元主体城市外交，搭建立体化国际交往平台，提升非官方国际交流层次，重视社会组织和民众在提升城市国际影响力、推动城市经济发展、促进城市科学管理和文化多样性等方面的独特作用，壮大国际交往中心建设的社会力量。①

（三）充分借助重大事件的影响，做好国际交往中心城市形象宣传与推动

首都北京是我国特色社会主义大国主场外交的核心承载地，随着国家外交战略的实施，将会有越来越多的重大国际活动在北京举办。为此，应充分借助并利用好重大事件的影响，做好国际交往中心城市形象的宣传与推动。某种意义上，建设国际交往中心是充分发挥北京优势，全面提升北京对外开放格局的体现。目前，已有大量的国际组织或机构落户北京。相关统计资料显示，当前北京共有138个大使馆，2个名誉领事馆，16个国际组织驻华代表机构，189个外国新闻机构，6441家外企代表机构，15000余家外商投资企业，与全球130多个城市建立了友好交流合作关系。② 这些皆表明北京不仅成为我国对外交往的重要窗口和承载地，而且也必将在全

---

① 李军凯，张红，孙艳艳. 加快推进北京国际交往中心建设［N］. 经济日报，2019-11-22.
② 北京市人民政府外事办公室，详见 http：//wb.beijing.gov.cn/.

球国际政治经济新秩序的构建中发挥越来越重要的作用。

通常来说,重大事件是指可以反映大众流行诉求和有着国际重大意义的大规模的文化、商业和体育等事件。重大事件常被俗称为"大型活动",大型活动如世博会、园艺博览会、奥运会、亚运会、军运会、休闲博览会国际大展等,是提升城市形象的绝佳机会。实践证明,大型活动不仅可以塑造城市形象,还可以有效扭转一些城市原来的负面形象。因此,在新时代首都北京国际交往中心建设中,应积极主动创造条件争办各种国际性和区域性体育赛事、国际会议、国际会展、国际文化旅游及文化艺术展览等活动,尽最大可能地对外推广北京城市形象。在此,需说明的是,推广城市形象虽有内外之别,但应坚持内外并举。首都北京国际交往中心建设,对内主要是强化主体意识,把推广城市形象变成首都市民的自觉行动,从我做起,从点滴做起,共同营造城市的归属感、责任感和荣誉感。对外,要借用一切手段和渠道凸显首都北京形象特质,用古都文化、红色文化、京味文化、创新文化等独特优势强化国际上的注意力和认同力,形成眼球效益和价值链,使城市整体形象渗入国际受众之中。

以重大事件中的国际会议为例,一座城市对外交流的频度如何,可以凭其举办的大型国际会议数量来衡量。换言之,举办大型国际会议不仅是现代国际交流的重要渠道和高级形式,而且是作为国际交往中心城市的一个重要标志。刘波认为,作为国际化大都市和世界级交往中心城市,每年至少要举办150次由80个国家和地区参加的国际会议。例如,巴黎作为一座"世界会议城",其怡人的自然景观、深厚的文化底蕴、丰富的历史名胜古迹、多姿多彩的文化活动及现代化的服务设施等皆非常适宜国际会议的举办。相关资料显示，巴黎每年举办大型国际会议300余次，稳居世界首位。[①]再如，新加坡作为世界TOP10会议城市（TOP中唯一的亚洲城市，与巴黎、马德里、维也纳、巴塞罗那和柏林等齐名），被誉为亚洲一流的国际会议之都。根据国际会议协会（ICCA）的世界排名统计，截至2013年年末，新加坡已经连续12年成为亚洲最佳会议城市。如表5-1所示，2004年—2013年新加坡国际会议数量全球城市排名，7年稳居前五。这对新时代北京国际交往中心特别是国际会议中心的建设具有重要借鉴意义。

表5-1　2004年—2013年新加坡国际会议数量全球城市排名

年份	2004	2005	2006	2007	2008	2009	2010	2011	2012	2013
会议数	94	103	120	128	130	119	168	161	158	175
排名	5	5	3	4	5	7	5	5	7	6
年份	2014	2015	2016	2017	2018	2019				
会议数	140	168	171	162	155	148				
排名	-	-	-	-	-	7				

资料来源：国际大会及会议协会（International Congress & Convention Association，简称ICCA）历年发布的统计排行榜。如《2019年统计排行榜》，https：//www.sohu.com/a/395122921_120481568。但因种种原因，2014年—2018年的排名统计数据缺失。

[①] 国际组织总部设在巴黎的有联合国教科文组织、经济合作与发展组织、国际商会、巴黎俱乐部等。各类国际会议的召开不仅能够带来骄人的城市声誉，还能够带来巨大的经济效益，特别是带动运输业、旅游业、广告业及餐饮住宿业等的发展。刘波."一带一路"背景下的北京国际交往中心建设[M].北京：中国经济出版社，2017：150.

（四）积极调动全市民众参与热情，创建国际"类海外"一流宜居城市

其一，充分调动全民参与首都国际交往中心建设的热情，更好发挥城市交往、民间交往在服务国家外交大局中的支撑和补充作用。"城，所以盛民也。"中国共产党在执政之初就提出了"城市建设为生产服务，为劳动人民生活服务"的口号。进入新时代以来，习近平总书记多次强调"人民城市人民建，人民城市为人民……让城市成为老百姓宜业宜居的乐园"的重要理念。基于此，一方面，要积极拓展城市及地区间友好交往，持续优化国际友城全球布局，深化推进友城合作提质增效，深化公共卫生、科技创新、城市治理、经贸投资、人文教育等领域的务实合作，以不断提升全体市民的国际化视野和综合素质，打造日常生活中的国际元素，让老百姓于无形中融入国际交往中心建设的氛围中。例如，通过擦亮"北京日""北京周"等既有友城活动品牌，进一步打造"欢动北京""地球一小时"等品牌公共外交活动，让民众于无形中参与其中。另一方面，密切关注外籍人员在北京的生活与居住情况，使外籍人员深切感受到北京的关怀和温暖，进而通过与外籍人员的多方位交流与交往，让他们把在北京城市的感受与体会传播到世界各地。这是北京开展对外交往活动的一个方面，也是公共外交的重要内容，是让国际社会更多更深入了解中国的一个重要渠道。在当前，更为重要的是，要持续抓好常态化防控下的出入境人员管理，围绕复工复产做好外籍专家入境返京、在京外籍人士服务管理等工作。

其二，注重国际交往中心城市的生态建设与宜居发展，着力打

造宜居宜业宜商宜游的国际化环境，构建与国际接轨的公共服务体系，提升城市整体国际化水平，增强吸引力和亲和力，打造开放包容的国际魅力之都。北京是中国新时代政府倡导的新型国际关系的主场、新型全球治理的心脏。北京国际交往中心的建设，为城市国际化注入了新的内涵。放眼世界，重要的国际交往中心和科技创新中心均十分注重城市的生态建设与宜居指数。这种意义上，宜居城市是发展城市外交和建设世界城市的重要内容和基础条件。北京的对外交往活动与城市宜居建设应更加紧密地结合起来，以人为本，跟紧世界科技前沿领域的发展动态，利用世界资源为居民创建良好的国际氛围，如加快推进国际学校、国际医院、国际人才社区建设，建设国际语言环境、国际化旅游商务环境等，积极营造"类海外"环境，为新时代的创新发展提供平台和渠道。要提前谋划，超前布局，进一步细化深化国际交往中心"类海外"环境规划设计及配套方案，着力推进道路交通系统优化完善、区域环境整治、产业亮点挖掘、公共绿地创新设计、地铁地下空间利用、商业功能定位、水系环境治理和河岸景观提升、国际化软硬件配套设施建设等方面工作，从细节着手全力营造"类海外"环境，切实提升全域城市品质。

此外，面对新冠肺炎疫情对公共卫生安全带来新的挑战，要把健康理念融入新时代的首都国际交往中心建设规划之中，加强公共卫生应急管理，努力建设全球健康城市。要注重加强与国际友城在公共卫生、医疗、防疫等领域的交流合作，发展生命科学、生物医药和健康产业，在全球公共卫生标准制定、经验共享、人才培养等方面发挥积极作用，并努力在抗疫合作、疫苗和药物研发等方面做出应有贡献。

（五）加快建立一支复合型外事人才队伍，汇聚国际人才人力资源

加大涉外专业人才的培育力度，建立一支专业化、创新型、复合型的人才队伍。① 一要充分发挥首都高校集聚的优势，与相关高校开展联合办学，采取讲座培训、赛事选拔与社会实践相结合的多元化人才培养模式，共同培养能够适应新形势下外事工作要求的专业人才。二要注重提升现有外事人员的综合素质，为他们创造学习培训、前往其他外事机构交流锻炼的机会。如通过聘请专家、学者、顾问，接收留学生、进修生、培训人员，国际劳务合作，国际性的移民、旅游、侨居活动等，吸引外籍人员定居北京。三要加快推进国际性智库建设。北京中央单位集聚，高校和研究机构众多，智力资源丰富。加强与部属高校、首都高校、科研单位和社会组织的合作，探索建立国际性智库、国家级智库、北京市属智库、高校智库和社会（企业）智库等的协同创新机制，以不断汇聚国际人才人力资源，促进国际间的人员往来与交流合作。

当前，国际形势风云变幻，北京建设国际交往中心必须站在推动全面深化改革开放的战略高度去考量，要把建设国际交往中心当作全面深化改革开放的重要组成部分和关键环节，不断提高北京的对外开放层次。实践证明，对外开放战略的成功充分向世人展现了中国改革开放的决心，大大激活了中国的发展潜力。北京作为首都，有着统领全局的示范效应。在新时代新征程中，北京建设国际

---

① 盛继洪等.建设国际一流的和谐宜居之都研究［M］.北京：社会科学文献出版社，2017：132-133.

交往中心，一方面可以与沿海、西部地区分工合作、优势互补、共同发展①，另一方面可以使北京的产业发展和城市现代化水平提升到新的层次，激发出更多深化改革的活力。

---

① 中国对外开放率先在有着地理优势的沿海地区兴起，通过沿海地区发展带动并逐步向内陆地区延伸，大力发展外向型经济，促进产业升级和开拓国际市场。然而，目前国内改革则进入了攻坚期和深水区，社会矛盾多发叠加，各种可以预见和难以预见的安全风险挑战前所未有，需引起高度重视。盛继洪等. 建设国际一流的和谐宜居之都研究 [M]. 北京：社会科学文献出版社，2017：125.

第六章

国际科技创新中心建设

党的二十大报告提出"科技是第一生产力、人才是第一资源、创新是第一动力"的重要论断。加快建设具有世界影响力的全国科技创新中心，不仅是新时代首都北京落实"四个中心"城市功能战略定位和推动城市高质量发展的重要引擎，而且是新征程中加快实现高水平科技自立自强和提升国家创新体系整体效能的关键举措，对中国在全球新一轮科技革命和产业变革中脱颖而出具有重要战略意义。2018年12月19—21日召开的中央经济工作会议明确指出，"世界面临百年未有之大变局，变局中危和机同生并存，这给中华民族伟大复兴带来重大机遇"。对此，要善于化危为机、转危为安，紧扣重要战略机遇新内涵，加快经济结构优化升级，提升科技创新能力，深化改革开放，加快绿色发展，参与全球经济治理体系变革，变压力为加快推动经济高质量创新发展的动力。从根本上说，我国要完成制造大国到创造强国的华丽转身，是离不开科技的崛起与创新支撑的。换言之，科技实力和创新能力是实现中华民族伟大复兴、全面建成社会主义现代化强国伟大目标的基础与关键。

一、科技创新中心由来及演变进程

自2005年开始，北京提出构建高精尖经济结构，建设现代化经济体系[①]，科技创新进入政策视野。时至今日，北京市通过不断加强顶层设计，先后编制全国科技创新中心建设"设计图"、搭建全国科技创新中心建设"架构图"、完成全国科技创新中心建设"施工图"及如今打造建设的国际科技创新中心"规划图"[②]来逐步形成国家战略科技高地。

2014年2月，习近平总书记视察北京提出首都城市战略定位要求后，北京建设创新型城市的科技工作即以建设科技创新中心为主线进行部署和展开。2015年4月30日，中共中央政治局会议审议通过了《京津冀协同发展规划纲要》，该纲要首次在中央文件中进一步明确了"科技创新中心"这一新的核心功能定位。同年10月，党的十八届五中全会提出了以创新为核心的新发展理念和引领型发

---

① 绿色产业是其中的重要内容之一。北京建设全国科技中心，离不开绿色科技创新。
② 前"三张图"主要指：(1) 编制全国科技创新中心建设"设计图"。制定《北京加强全国科技创新中心建设总体方案》，经国务院审议发布，明确"三步走"发展方针和重点任务，全国科技创新中心建设上升为国家战略；发布《"十三五"时期加强全国科技创新中心建设规划》，明确提出"十三五"时期建设思路、重点任务布局；制定《北京系统推进全面创新改革试验加快建设全国科技创新中心方案》，构成了远期、中期、近期相结合的全国科技创新中心建设"设计图"。(2) 搭建全国科技创新中心建设"架构图"。在国家科技创新中心建设领导小组框架下，组建北京推进科技创新中心建设办公室。设立"北京办公室一处七办"组织架构，作为落实任务的执行主体和责任主体。建立健全沟通协调、战略咨询、评价监测、公众参与、组织保障等工作机制。(3) 完成全国科技创新中心建设"施工图"。编制形成《北京加强全国科技创新中心建设重点任务实施方案(2017—2020年)》，明确六方面重点任务，按照"量化、细化、具体化、项目化"的要求，按年度制订实施方案滚动推进。王涵，刘利. 立法视角下推动国际科技创新中心建设的若干问题与建议 [J]. 科技中国，2020 (12)：10-11.

展。这为北京承载科技创新中心这一核心功能提供了新的时代动能。也就是说,习近平总书记提出的北京科技创新中心功能下的是一盘大棋,不只限于国内,更重要的是在国际舞台上发挥科技创新中心的引领功能。只有从中国迅速崛起的国际背景和中国在全球科技中的地位进行思考,才能够对这一问题有更为深刻的认识。

2016年5月27日,中央政治局专题讨论北京城市副中心建设,一项基本考虑是发挥北京核心功能的作用,特别是北京作为全国科技创新中心的核心功能的作用。同年9月11日,国务院印发实施的《北京加强全国科技创新中心建设总体方案》,将全国科技创新中心建设上升为国家战略,这为北京打造成具有全球影响力的科技创新中心提出了明确的奋斗目标。

2017年2月24日,习近平总书记再次视察北京,对科技创新中心建设提出新要求:"北京最大的优势在科技和人才,要以建设具有全球影响力的科技创新中心为引领,抓好中关村科学城、怀柔科学城、未来科学城和北京经济技术开发区①'三城一区'建设,深化科技体制改革,努力打造成北京经济发展新高地。"这再次明确了科技创新中心是中央赋予北京的新定位,是北京发展的新坐标。

2017年9月发布的第七版北京城市总体规划《北京城市总体规划(2016年—2035年)》,对科技创新中心的定位是:"2020年发展目标:初步建成具有全球影响力的科技创新中心";"2035年发展目标:成为全球创新网络的中坚力量和引领世界创新的新引

---

① "一区"后来演变为包括北京经济技术开发区和顺义部分区域在内的创新型产业集群示范区。

擎";"2050年发展目标：成为世界主要科学中心和科技创新高地"。新时代北京建设全国科技创新中心，要紧紧围绕这个核心要求，为科技创新中心建设"三步走"目标的实现，想方设法提供有力的服务和支撑。

2020年11月28—29日，中共北京市委审议通过的《北京市国民经济和社会发展第十四个五年规划和二〇三五年远景目标的建议》中6次提及"国际科技创新中心"，明确"国家支持北京形成国际科技创新中心"的战略定位。2021年1月，北京市第十五届人民代表大会第四次会议批准通过的《北京市国民经济和社会发展第十四个五年规划和二〇三五年远景目标纲要》（简称《纲要》）中11次提及"国际科技创新中心"，再次明确国家"支持北京形成国际科技创新中心"的战略定位，并进一步要求"十四五"时期"国际科技创新中心基本形成"的任务和2035年远景目标"创新体系更加完善，关键核心技术实现重大突破，每万人口高价值发明专利拥有量达到90件，国际科技创新中心的创新力、竞争力、辐射力全球领先"。《纲要》明确提出"以建设国际科技创新中心为新引擎"。这不仅升级了首都"科技创新中心"的功能定位，而且对提高北京创新能力的国际影响力、促进首都高质量发展等具有重大意义，同时也为新时代首都北京科技创新发展指明了前进的方向。

二、国际科技创新中心及内涵

习近平总书记曾于2014年在全国两院院士大会上强调："科技是国家强盛之基，创新是民族进步之魂。"当前科技创新已经成为提高国家综合国力的关键支撑，成为社会生产方式和生活方式变革进步的强大引领。按照2016年9月国务院印发的《北京加强全国科技创新中心建设总体方案》的发展目标和要求，未来首都北京要建设成"全球科技创新引领者、高端经济增长极、创新人才首选地、文化创新先行区和生态建设示范城"。同时，根据2017年9月中共中央和国务院批复的第七版《北京城市总体规划（2016年—2035年）》[1]要求，科技创新中心建设要充分发挥丰富的科技资源优势，不断提高自主创新能力，在基础研究和战略高技术领域抢占全球科技制高点，加快建设具有全球影响力的全国科技创新中心，努力打造世界高端企业总部聚集之都、世界高端人才聚集之都。

何谓科技创新中心？一般来说，科技创新包括科学创新和技术创新，前者主要是创造新知识，其载体通常主要是高等院校、科研院所，后者主要是创造新产品、提供新服务，其载体主要是企业。不论是科学创新还是技术创新，其核心要点均是创新[2]，也就是说科技创新的中心必须是创新中心。[3] 依据"区域创新体系"的理念，科技创新中心是一个包括以企业为主体的技术创新中心、以高校和科研院所为主体的知识创新中心、以各类科技中介组织为主体的科技中介服务中心、以科技园和孵化器等为主体的创业服务中心等有机结合的整体。[4] 也有研究认为，一个区域要成为全球有影响力的科技创新中心，至少需要同时具备8个方面的特征：依托一流大学和科研机构运作；良好的基础设施和服务；密集的高素质科技

---

[1] 这标志着总体规划成为首都发展的法定蓝图。
[2] 所谓创新，通常是指以新思维、新发明和新描述等为特征的一种概念化过程。
[3] 高维和. 全球科技创新中心：现状、经验与挑战 [M]. 上海：格致出版社，上海人民出版社，2015：前言.
[4] 何建坤，李应博. 研究型大学与首都区域创新体系协同演进研究 [J]. 清华大学教育研究，2008（4）：5-11

人才；发达的风险资本市场；显著的"集聚"和"辐射"效应（产业体系）；浓厚的创新文化和旺盛的创新活力；发达的创新网络（以众多领军企业为主导的创新生态系统）；适宜于创新活动的体制机制（包括政策等）。① 依据这一标准，首都北京当前显然已具备建设具有全球影响力的科技创新中心的基本要求。

根据科技创新中心核心功能的差异，可以将全球科技创新中心划分为四种类型：一是综合性全球科技创新中心，如纽约、伦敦、巴黎和东京等；二是区域性科技创新中心，如西雅图、新加坡、中国香港、洛杉矶、旧金山、墨尔本、悉尼、柏林、赫尔辛基、蒙特利尔等；三是专业性科技创新中心，如硅谷、班加罗尔、新竹、慕尼黑、中关村等；四是新兴科技创新中心，如多伦多、温哥华、圣保罗、孟买、哥本哈根、斯德哥尔摩、北京、台北、以色列、波士顿、芝加哥、大阪、京都等。这些科技创新中心形态各异、地位不同、发展模式与路径各有特色。② 北京作为一个新兴的科技创新中心城市，目前仍处于发展与完善阶段，任重道远。

三、北京建设国际科技创新中心的主要优势

相较于全国政治中心、文化中心、国际交往中心，科技创新中心是新时代赋予首都北京的新定位。换言之，相较以往，增加了科技创新中心作为核心功能，对拥有众多高校和科研院所及高新技术

---

① 马名杰，田杰棠，雄鸿儒等. 推动全国科技创新中心建设的改革路径［G］//闫仲秋，王力丁，申建军. 首都建设全国科技创新中心研究. 北京：中国经济出版社，2016：171

② 高维和. 全球科技创新中心：现状、经验与挑战［M］. 上海：格致出版社，上海人民出版社，2015：前言.

企业的北京而言，这一定位更加符合实际。

众所周知，北京作为首都，建设全国科技创新中心有着得天独厚的基础条件和资源优势。同时，北京作为国家理念、制度、科技、文化创新发展的重要策源地，富集了其他城市难以企及的国家级创新资源和平台。其主要优势如下。

一是科技优势。北京是全国科学研发和技术创新的龙头城市。在科学研发方面，中国科学院、中国社会科学院等聚集了中国最先进的科研力量。中关村科技园是全国示范性科研基地，后起的丰台科技园等也是全国先进科研园区。北京聚集了全国28%的国家级重点实验室，33%的国家级工程研究中心，45%的国家级重大科学工程，30%的国家级重点学科，41%的基础性研究。截至2017年年底，北京累计建设国家级科技创新平台近400家，占全国的三分之一；万人发明专利拥有量超过90件，是全国平均水平的9.6倍。[1] 英国《自然》杂志刊登"2017自然指数—科研城市"，北京在全球500个科研产出城市中居于首位。《中国区域科技创新评价报告（2016年—2017年）》显示，北京综合科技创新水平位列全国省区市首位。

二是教育优势。北京是全国最大最多的教育资源汇聚地。北京拥有高校59所，其中重点高校23所，占全国重点高校的1/4。北京高校中有500个博士培养点，博士研究生培养规模占全国的1/3；有1081个硕士培养点，硕士研究生规模占全国的1/5。另外，中国科学院、中国工程院院士一半以上分布在北京科研院所、高等院校；北京地区每年资助科技课题3万多项，取得科技成果1万多

---

[1] 《北京市情数据手册2017》（内部资料）。

项，获国家级奖项约占全国的30%。方中雄、桑锦龙等研究认为，目前首都诸多高校通过资源整合及协同创新，正在凝聚而成日益强大的研发创新集群优势，这也使得首都日益成为我国原始创新成果的诞生地和集散地，在发挥科技创新辐射力和影响力方面具有无与伦比的良好发展环境。①

三是人才优势。作为具有主观能动性的主体，人才无疑是科技创新的决定性要素。北京自古聚天下之英才，人才济济，名流辈出。据不完全统计，北京拥有"两院"院士756名，约占全国的1/2；"千人计划"人才1658人，占全国的1/4；人才资源总量达到651万人，人才对北京经济增长的贡献率达到了51.8%。同时，北京以建设中关村科学城、怀柔科学城、未来科学城、创新型产业集群和"中国制造2025"示范区（"三城一区"）为主要平台，实施重大人才工程项目，继续深化"海聚工程""高创计划"，更加注重对高端人才团队、青年人才的引进、培养和支持，吸引具有全球水平的战略科学家、科技领军人才、企业家、创新创业团队，具备建设全球创新人才高地的巨大潜力。

四是产业优势。北京的服务业高度发达，目前是国内唯一一座第三产业增加值超过80%的城市，意味着北京正不断迈向知识经济的高级发展阶段。在服务业稳定运行的同时，产业内部结构不断优化，"高端化"特征明显，文化创意产业、战略性新兴产业、高技术服务业引领带动作用不断增强。另外，2015年5月，国务院批复同意北京开展为期3年的服务业扩大开放综合试点，北京成为全国

---

① 方中雄，桑锦龙.北京教育发展研究报告（2018年卷）："四个中心"建设与首都教育新使命[M].北京：知识产权出版社，2019：202-203.

首个服务业扩大开放试点城市。2017年6月，国务院批复同意在北京市服务业扩大开放综合试点期内继续深化改革推进服务业扩大开放综合试点。经过近年的不断探索和努力，北京服务业的高端化、现代化、集聚化、国际化发展水平持续提升，形成了北京产业发展的显著优势。2018年7月，北京市委市政府印发了《北京市关于全面深化改革、扩大对外开放重要举措的行动计划》，该计划紧紧围绕落实首都城市战略定位、建设国际一流的和谐宜居之都的目标，明确提出117项具体举措，以进一步深化改革、扩大开放，激发创新活力，以期在更深层次改革、更高水平开放上推动首都实现新发展。

总之，北京创新资源密集，可以为科技创新提供丰沃土壤。特别是北京拥有密集的高校群和科研院所及大量的高科技企业，这一资源优势不但在国内遥遥领先，在全球城市中也毫不逊色。北京所拥有的科技、教育、人才、产业优势，无一不是建设国际科技创新中心的重要资源，将其进行有效的聚合、利用，形成聚变反应，可以释放巨大的科技创新能量。与此同时，北京科技创新成果富集，辐射作用十分突出，这正是北京建设国际科技创新中心的底气所在。近年来，北京充分发挥人才和科技资源高度集聚的优势，科技创新实力大幅度提升。第五次国家技术预测的结果显示，在中国领跑世界的重大科技创新成果中，有一半以上来自北京。

另外，北京建设国际科技创新中心，除了上述明显的科技、人才、高校汇聚所产生的强大支撑作用外，还具有其他城市不可比拟的优越外部条件。首先，北京地区的经济发展较早实现了经济转型发展的新常态，形成了科技创新的需求环境。从2011年开始，首都经济便开始呈现7%~8%的中高速增长，成为全国较早进入经济增长换档期的地区。自2015年起，北京地区生产总值增速一直稳定在6.7%~6.9%的合理区间，形成相对稳定的经济社会发展格局。同时伴随着首都经济发展的公平性与可持续性不断提高①，消费主导型经济特征日益凸显②，首都经济社会发展显示出鲜明的"新常态"特点，并对科技创新提出迫切需求。

某种意义上，科技创新中心的建设不仅是更好发挥首都功能的必然要求，同时也是对北京科技创新之良好硬软件条件的充分、有效利用。概言之，既有其外在的必要性，也有其内在的必然性。

四、新时代国际科技创新中心建设的推进进路

2021年是中国共产党百年华诞。2021年2月20日，习近平总书记在党史学习教育动员大会上强调："学党史、悟思想、办实事、开新局，以优异成绩迎接建党一百周年。"全体共产党员要切实提高思想认识和政治站位，做到"学史明理、学史增信、学史崇德、学史力行"，在有条件的区域率先探索形成新发展格局。时任北京市委书记蔡奇认为，北京就属于有条件的地方，党中央已从战略上

---

① 资料显示，2017年1—3季度北京居民人均收入实际增长72%，高于经济增速。一般公共预算收入完成42432亿元、增长61%，高于上半年0.4个百分点。与此同时，全市就业物价水平保持稳定，能耗水耗持续下降，这些都显示出首都经济发展质量的提升。
② 2017年1—3月，北京地区最终消费对经济增长的贡献率接近70%，服务性消费增长11.9%，占总消费比重52.3%，成为拉动消费增长的新引擎。投资对房地产的依赖在下降，在房地产投资下降的同时，基础设施投资增长26.9%，连续21个月保持两位数增长，投资补短板、增后劲功能进一步提升。这些都显示出首都经济发展需求结构的不断优化。

布好局，我们要在紧要处落好"五子"①，率先探索有效路径。其中，这"五子"中第一"子"即是"建设国际科技创新中心"。为此，必须"学史力行"，把当前党史学习教育和科技创新工作深度融合，力争形成"学党史、促实践，以科技创新催生新发展动能"的新局面。

党的十九届五中全会提出"加快建设科技强国"的战略目标，并明确要求"坚持创新在我国现代化建设全局中的核心地位，把科技自立自强作为国家发展的战略支撑"②。党的二十大报告进一步指出"坚持创新在我国现代化建设全局中的核心地位""统筹推进国际科技创新中心、区域科技创新中心建设"和"形成具有全球竞争力的开放创新生态"，并明确要求"加快实施创新驱动发展战略，加快实现高水平科技自立自强，以国家战略需求为导向，积聚力量进行原创性引领性科技攻关，坚决打赢关键核心技术攻坚战，加快实施一批具有战略性全局性前瞻性的国家重大科技项目，增强自主创新能力"和"加快建设世界重要人才中心和创新高地"。

"行之力则知愈进，知之深则行愈达。"当前，世界百年未有之大变局对我国建设世界科技强国提出更高要求，"双循环"格局也更加需要科技支撑及其创新性解决方案的助力，科技创新已越发成为重塑世界经济结构和竞争格局的关键。为此，要充分认清科技创

---

① "五子"：一是率先建设国际科技创新中心；二是抓好"两区"建设；三是建设全球数字经济标杆城市；四是以供给侧结构性改革创造新需求，包括国际消费中心城市建设、城市更新与乡村振兴；五是深入推动以疏解北京非首都功能为"牛鼻子"的京津冀协同发展。蔡奇. 坚持以首都发展为统领 奋力谱写社会主义现代化的北京篇章[N]. 人民日报，2021-05-06.
② 《中共中央关于制定国民经济和社会发展第十四个五年规划和二〇三五年远景目标的建议》辅导读本[M]. 人民出版社，2020：9.

新是新时代新征程中全面建设社会主义现代化国家的核心力量,亦是引领经济社会高质量发展的核心动力。与此同时,加快推进首都北京国际科技创新中心建设,也是新时代北京构建世界和谐宜居之都新发展格局的关键举措和"十四五"时期推动首都城市高质量发展的重要引擎。

(一)明晰愿景,践行使命:新时代国际科技创新中心建设的战略旨向

科技是国家强盛之基,创新是民族进步之魂。当前科技创新已经成为提高国家综合国力的关键支撑,成为社会生产方式和生活方式变革进步的强大引领。在创新驱动全面发展的背景下,新一轮科技革命和产业变革正在世界范围内孕育兴起,重大颠覆性创新陆续发生,科技创新成为重塑世界经济结构和竞争格局的关键。与此同时,随着信息技术的迅猛发展,新时代首都北京国际科技创新中心建设注定将要走向日益开放、动态的发展轨道。然而,如何在这一进程中提高自身科技创新能力的战略性、前瞻性和耦合性,越发成为北京建设全国科技创新中心亟须解决的重要议题。

具体来说,战略性要求北京不断提升科技创新的战略地位和发展视野,将科技创新作为经济社会发展中的核心要素及参与国际竞争的重要筹码,积极提升科技创新中心的全国辐射力和全球影响力;前瞻性要求北京在科技创新中心建设中要具有长远眼光,瞄准知识技术的前沿领域和高端竞争,加强尖端领域科研技术的超前研发和技术转化,不断提升我国科研战备的软实力,促使中国从创新领域的跟跑者角色向领跑者角色转变;耦合性则要求北京在全国科技创新中心建设中,要具有全局意识和统筹能力,全面促进首都科

研创新知识、技术、人才、文化、产业、科研配套设施等各类资源的协调及创新产业链的连贯有序发展，不断加强和完善创新能力的聚集、转移与扩散，助力自主创新战略在首都及全国范围内发挥出更大的作用力。① 唯有明晰愿景使命，才能有效布局谋篇，行稳致远。

（二）守正创新，顶层设计：发挥新型举国体制优势，打造国家战略科技力量

党的二十大报告明确提出"完善党中央对科技工作统一领导的体制，健全新型举国体制，强化国家战略科技力量，优化配置创新资源，优化国家科研机构、高水平研究型大学、科技领军企业定位和布局，形成国家实验室体系，统筹推进国际科技创新中心、区域科技创新中心建设，加强科技基础能力建设，强化科技战略咨询，提升国家创新体系整体效能"。

新时代国际科技创新中心建设，一方面，要贯彻实施国际科技创新中心建设战略行动计划，打造国家战略科技力量。科技创新是国家经济发展的强劲动力与根本保障，需要发挥中国式现代化新型举国体制的优势。具体来说，一是实施国际科技创新中心建设战略行动计划，形成国家战略科技力量。要办好国家实验室，加快综合性国家科学中心建设，推进在京国家重点实验室体系重组，推动国家级产业创新中心、技术创新中心等布局建设，形成国家战略科技力量。二是加强国际科技创新中心基础设施及相关服务组织的建设，提升国家战略科技力量。既要加强重大科技基础设施和科研平

---

① 方中雄等. 北京教育发展研究报告（2018年卷）："四个中心"建设与首都教育新使命［M］. 北京：知识产权出版社，2019：188—189.

台投资建设，也要持续加强相关科技服务组织建设，形成科技创新的生态链。三是支持新型研发机构创新发展，加强关键核心技术联合攻关，打造国家战略科技力量。如聚焦高端芯片、基础元器件、关键设备、新材料等短板，完善部市合作、央地协同机制，集中力量突破一批"卡脖子"技术。四是加强科技创新统筹协调，深化政产学研用融合发展，加快科技成果转化应用，着力建立健全各主体、各方面、各环节有机互动、协同高效的国家战略科技创新体系。

另一方面，要充分发挥国家科技体制改革和创新体系建设领导小组作用。在充分认识到上述北京加强全国科技创新中心建设战略意义的基础上，如何高效落实和有效执行《北京加强全国科技创新中心建设总体方案》则变得更为重要。特别是在现有发展基础上，着眼《北京加强全国科技创新中心建设总体方案》中第二步发展目标①，进一步强化北京全国科技创新中心的核心功能，加快建设和完善全国高端引领型产业研发集聚区、创新驱动发展示范区和京津冀协同创新共同体的核心支撑区，成为具有全球影响力的科技创新中心，从而为实现第三步最终发展目标②奠定坚实基础。其实，进入新时代以来，在中央相关政策的指引下，首都北京推动全国科技中心建设已初具成效。以京津冀三地协同创新长效机制建设为例，

---

① 第二步发展目标，到2020年，北京全国科技创新中心的核心功能进一步强化，科技创新体系更加完善，科技创新能力引领全国，形成全国高端引领型产业研发集聚区、创新驱动发展示范区和京津冀协同创新共同体的核心支撑区，成为具有全球影响力的科技创新中心，支撑我国进入创新型国家行列。
② 第三步发展目标，到2030年，北京全国科技创新中心的核心功能更加优化，成为全球创新网络的重要力量，成为引领世界创新的新引擎，为我国跻身创新型国家前列提供有力支撑。

自2015年4月底《京津冀协同发展规划纲要》①审议通过后，近年来京津冀协同创新步伐加快，三地建立成果转化对接与技术转移转让绿色通道，完善科技创新投融资体系，支持三地科技成果转移转化，成效显著。

进一步加快全国科技创新建设步伐，既要坚持顶层设计，"一张蓝图干到底"，也要守正创新，在既定方案基础上"因时因地"有所突破与创新。充分发挥国家科技体制改革和创新体系建设领导小组的作用，强化国家有关部门与北京市共建北京全国科技创新中心建设工作机制。本质上，打造全国科技创新中心，统筹协调，促进中央和地方协同创新，深化央地合作，都离不开顶层设计。以正在探索实施的京津冀三地协同创新长效机制建设为例，三地协同创新的模式主要有三种：一是共建园区基地模式。如北京中关村海淀园秦皇岛分园是河北省对接京津的首个综合性高科技项目，在利益分配上，企业、海淀、秦皇岛三方达成了"442"的利益共享模式。二是共建合作平台模式。保定·中关村创新中心是在中关村管委会和保定市政府共同推动下成立的京津冀协同创新基地。三是共建基金模式。如科技部与北京、天津、河北采取"1+3"模式，共同出资建立了京津冀成果转化引导基金。在上述模式中，政府均在顶层设计方面发挥了积极且重要的作用。

此外，北京国际科技创新中心的建设要进一步加强国家相关部委的大力支持。事实上，作为未来我国三大国际科技创新中心之一

---

① 2015年4月底，中共中央政治局会议审议通过了《京津冀协同发展规划纲要》，提出要以促进创新资源合理配置、开放共享、高效利用为主线，以深化科技体制改革为动力，推动形成京津冀协同创新共同体，建立健全区域协同创新体系。

的北京也的确得到了国家多部委及政策的支持,包括科技部、发改委、工信部、中科院等。如2021年1月20日由20余个国家部门研究编制的《"十四五"北京国际科技创新中心建设战略行动计划》发布会上明确提出,到2025年,北京国际科技创新中心基本形成;到2035年,北京国际科技创新中心的创新力、竞争力、辐射力全球领先,形成国际人才的高地,切实支撑我国建设科技强国。其中,科技部副部长李萌在当天的发布会上表示,北京国际科创中心建设要走出新路子,关键是能力和生态的构建。按照党中央部署,科技部会同相关部委全力支持北京培育建设国家实验室,参与重组国家重点实验室体系,牵头建设京津冀国家技术创新中心,探索建立"顶层目标牵引、重大任务带动、基础能力支撑"的科技组织模式,在前沿领域培育一批世界一流新型研发机构。同时,国家发展和改革委员会创新和高技术发展司司长沈竹林表示:"我们将大力支持怀柔综合性国家科学中心建设","十四五"期间将支持北京市积极谋划、实施新一轮全面创新改革试验,坚持目标导向、问题导向,支持开展先行先试,为北京科技创新中心建设提供强大的改革动力和制度保障。工信部科技司司长刘多在发布会上表示,将继续与有关部门和北京市加强协同,继续加大对北京国际科技创新中心的支持力度。[1]

(三)协同推进,形成合力:强化政企校联动,深化产学研一体化发展

根据创新理论,高校和科研机构处于创新链上游,是供给科技

---

[1] 经济参考网. 多部委力挺北京国际科技创新中心建设[DB/OL]. 2021-01-21. https://finance.eastmoney.com/a2/202101211784195164.html.

创新成果的源泉。企业处于创新链的下游，是科技成果产业化的实现者。然而，在当前信息技术的加速迭代和互联网技术的巨大变革以及产学深度融合的大时代背景下，在实现创新到应用的整个过程中，需要高等院校和科研机构与企业这两种力量的相互补充、通力合作。

一方面，首都北京具有高端人才集聚、科技基础雄厚的天然创新优势。人才是科技创新的第一资源。相关数据资料显示，北京现有包括清华大学、北京大学等在内的高等学校90多所，包括中国科学院、中国社会科学院等在内的科研院所近300家，研发人员30多万人，科技企业和创新基地数量众多，科技智力资源丰富，在国内首屈一指，完全有条件成为创新型城市和区域创新中心，而且能够发挥引领全国、辐射周边的带动作用。深化产学研一体化发展，一要注重国际化科创人才的培养。人才是创新活动的核心要素，也是北京的优势所在。某种程度上，面向建设国际科技创新中心的目标定位，需要加快完善国际化人才及其人才发展政策体系，以形成更加精准、更具竞争力的人才政策优势。二要以建设世界一流大学为着力点，抢占全球科技制高点。世界一流大学和一流学科，对提升知识产出水平、集聚创新创业人才具有重要作用。北京应加强高校基础研究和优势学科建设，引导高校开展学科前沿探索，促进以学科深入交叉为主的科技创新，集成资源以培育形成更多的新优势学科。

另一方面，要进一步强化政企校联动，深化产学研融合，努力形成政府、企业、高等院校及科研机构等多元主体间的合力。根据新时代国家创新发展战略需求，为解决战略性新兴产业发展及突破一批"卡脖子"的底层核心技术、关键共性技术和前沿引领技术等一系列问题，可以尝试通过"政府政策引导、科研院所技术支撑、企业主导落地、科创智库协同助力"的一体化政产学研融合创新模式来加快启动一批专项应用科学研究项目。但需注意的是，在此过程中，若仅通过传统"科层式"的沟通对接是远远不够的，必须创建好的体制架构和统筹机制，如借助科技创新类智库的链接作用来全面落实相关科技部门与企业、高校、科研机构等签订的战略合作协议，并着力配套建设相应的对接机制等，以促进科技成果转换和产业化的真正落地。此外，北京还应逐步建立完备的创新生态系统，为打造全球科技创新企业及人才的首选地和北京发展的新高地营造良好氛围。

再者，应切实强化企业创新主体地位，释放企业自主创新能力。第一，强化企业创新主体地位，关键在于强化企业的技术创新主体地位。国家应重点发展一批具有世界领先技术水平的创新型领军企业，鼓励和引导企业牵头组建国家产业创新中心、国家工程研究中心等，支持领军企业组建体系化、任务型的创新联合体。第二，引导创新投资机构和专业孵化机构发展，提高金融服务实体经济的能力，更加精准培育潜力型科研企业，推动全球产业龙头、独角兽、潜力企业落地。第三，以培育本土化创新引擎企业为着力点，力争在提升全球产业控制力上有新的突破。要建成世界级的国际科创中心，需在全球顶级技术上有所突破与作为，对此应集中力量培育一批本土化创新企业来攻克解决关键核心技术"卡脖子"问题，实现更多"从0到1"的突破。

（四）融合发展，内生驱动：推动科技与经济、产业的深度融合与联动发展

党的十九大报告指出："创新是引领发展的第一动力，是建设现代化经济体系的战略支撑"，并提出在基础研究、重大科技项目、前沿技术、颠覆性技术等方面，中国要成为世界强国，实现对发达国家的赶超。党的二十大报告进一步要求："必须坚持科技是第一生产力、人才是第一资源、创新是第一动力，深入实施科教兴国战略、人才强国战略、创新驱动发展战略，开辟发展新领域新赛道，不断塑造发展新动能新优势。"要建设具有全球影响力的科技创新中心，亟须加大应用科学的发展和利用，强化科技服务首都经济的支撑力。这就必然要求，北京在基础研究和战略高技术领域抢占全球科技制高点，在国家创新发展中发挥引领示范作用。对此，北京市副市长靳伟曾明确表示，建设北京国际科技创新中心一方面要立足科技自立自强，服务国家战略与产业、科技安全，更加强化国家战略科技力量；另一方面则要立足支撑构建新发展格局，更加突出前沿技术引领和关键核心技术自主可控；同时立足创新范式变革，更加畅通基础研究与产业发展融合。[①]

基于上，建设北京国际科技创新中心，一是推动科技与经济、优势产业等的深度融合与联动发展，夯实科技创新驱动发展的内生动力。一般而言，城市功能是一座城市赖以发展的主要源动力，应当与该城市所具备的比较优势和现有主导产业紧密结合。一个国家和城市的经济实力主要体现在经济规模有多大、产业结构是否合

---

① 光明网. 北京国际科技创新中心建设立足科技自立自强［DB/OL］. 2021-01-21. https://politics.gmw.cn/2021/01-21/content_34559997.htm.

理，经济规模有多大意味着这个城市的辐射力和影响力有多大，而合理的产业结构将为城市可持续发展提供无穷的动力。对此，应充分发挥现有科技资源优势，坚持问题导向、市场导向，立足当前首都城市发展、产业升级、安全保障、社会民生、环境保护等重大现实需求，不断创新产学研合作模式，着力提高科技成果的商业化效率。与此同时，切实推进科技与产业的创新融合，围绕文化传媒、金融商业、医疗卫生、教育等首都传统领域，强化科技的"嵌入"及应用，推动模式的创新和改进，形成科技与产业良性互动、互补互促的融合发展局面。这样，一则有利于加快科技成果的市场反馈，既为应用科技提供实践经验积累，也为进一步的研究开发提供资金和动力；二则坚持问题导向、市场导向的科技应用，有助于企业的生产运行效率提升，有助于激发新产业、新业态、新模式和新领域，并推动健康可持续的科技创新"生态系统"的形成和完善。

二是加强创新改革力度，持续优化和完善科技生态系统，强化科技创新中心功能。关于创新改革，习近平总书记有个非常精辟的比喻："如果把科技创新比作我国发展的新引擎，那么改革就是点燃这个新引擎必不可少的点火系。我们要采取更加有效的措施完善点火系，把创新驱动的新引擎全速发动起来。"要持续深化创新驱动发展，注重金融、科技等服务业及新能源等高技术产业与新兴产业的快速发展，加快建设创新引领示范区。例如，科技企业孵化体系（涉及大学科技园、小企业创业基地、留学人员创业园、孵化器等创业孵化载体）作为北京创新服务体系的重要组成部分，应在进一步发挥中关村自主创新示范作用的基础上，充分运用市场经济规律，与资本市场、中介服务机构及其他创新资源有机组合，以形成促进科技创新创业的生态系统。很大程度上,当前北京科技企业孵化器和大学科技园等科技企业孵化机构高度密集,已然成为科技创新创业的重要基地。

三是高度重视资本市场的作用。北京如何充分发挥既有科技与金融优势,在有效融合与进一步优化科技与金融既有资源的基础上共同做大科技创新中心。或许,巧妙借助资本市场是一条捷径。从根本上来说,科技创新中心建设要从创新全链条上来布局和发力,亟须在厘清政府与市场关系的基础上,按照市场决定资源配置的要求重构创新链条,着力突出金融在整个创新链条中的支撑作用,如前期提供源头活水、中期提供资金保障、后期持续跟进成果转化,以资金链支撑创新链、引导产业链、提升价值链。深圳在这方面的经验值得借鉴。金融是现代经济的魔杖,创新型金融工具与创新经济是一对亲密的孪生兄弟,是创新经济的组成部分。深圳金融中心的特征和动能就是为创新服务,如深圳混合型创新金融打造了一条为高新技术企业从诞生到成长的资本链,成了高新技术企业发展的血液。[①]

此外,还应坚持绿色科技创新。绿色科技创新是新时代北京建设科技创新中心的必然趋势。为加快促进北京科技创新中心的建设,必须坚定不移地以低碳化、高端化、集聚化、融合化、服务化作为发展方向,大力推广以绿色、智能、协同为特征的创新能力,形成完善的科技创新生态系统。

---

① 陈剑. 都城北京:一核两翼与京津冀协同发展 [M]. 北京:中国发展出版社,2019:90-91.

（五）区域协同，联动发展：深化京津冀区域协同，着力构建首都创新圈

北京是京津冀协同发展战略打造世界级城市群的核心，也是建设雄安新区这一"千年大计、国家大事"的首要推动力，更是向世界展示中华文明与社会进步的重要平台。根据《北京加强全国科技创新中心建设总体方案》，要坚决实施创新驱动发展战略和推动京津冀协同发展，深化京津冀地区在科技创新方面的区域协同。

从京津冀区域协同发展视角出发，一方面，可以尝试构建首都创新圈，以助力全国科技创新中心建设。换言之，构建首都创新圈主要是从创新的角度，突出北京的科技创新中心功能，推动京津冀三地的创新资源和要素一体化协同。[①] 首都创新圈应是以"三城一区"为基点，以天津滨海新区、河北雄安新区为支点，以覆盖京津冀主要地区的区域创新共同体。北京作为整个区域产业生态系统中的研究群落，是重要的知识、技术创新源；天津是产业创新和有效承接北京研究成果的转化基地；河北处于创新应用群落，是产业创新的最前线，是技术扩散与创新升级的助推器和协调者。着力构建首都创新圈建设，不仅是推动区域协同发展、融合发展的重要抓手，而且有助于推进京津冀的产业转移升级，推动科技创新资源的共建共享，加快创新一体化进程，形成京津冀目标同向、措施一

[①] 所谓创新圈，主要是指以国家或区域科技创新中心的所在地为中心、以创新要素集聚与活跃为基本范围的创新空间形态。创新圈作为一种区域创新系统的主体形态，是支撑国家和区域高质量发展、参与区域或国际科技创新竞争与合作的重要创新载体和平台。参见《2014首都科技创新发展报告》《北京建设创新城市形象报告》（内部资料），2019；首都科技发展战略研究院. 围绕首都经济圈打造首都创新圈 建设京津冀创新共同体研究 [EB/OL]. 详见 http://www.cistds.org/content/details36_427.html.

体、优势互补、互利共赢的协同发展新格局。其一，推进首都创新圈建设可以打破既有行政壁垒，促进创新要素的有序流动，形成经济发展的新动能，推动供给侧结构性改革。同时，创新圈是人才等创新要素最为密集的地区，是先进制造业等实体经济的集聚地，也是先进技术的发源地和应用场。培育发展创新圈，还能够有力推动区域产业转型升级和先进制造业发展。其二，推动首都创新圈建设能够加快促进创新要素的集聚与流动，对于北京和全国其他地区建设科技创新中心具有重要示范意义。依据京津冀三地产业发展需求，由关键点引领"线"，由关键线带动"面"，由关键面交织成"网络"，按照"强点、成群、组链、结网成系统"的思路实现京津冀产业的协同创新，推动区域的高质量发展。

另一方面，积极探索择机启动"京雄科技创新走廊"规划建设工作。在京津冀协同发展框架下，以中关村为代表的首都科技创新力量，近年来不断加大向天津、河北的资源转移与合作，天津滨海中关村科技园、中关村海淀园秦皇岛分园、保定中关村创新中心、石家庄（正定）中关村科技新城等重大项目逐步落地实施，已形成多点开花之势，对区域科技创新协同起到重大推动作用。为进一步深化科技创新与产业发展的区域联动，可以参考美国、日本及国内长三角、珠三角等科技创新走廊模式，有必要依托京雄高速、京雄城际铁路等交通干线，加快规划建设"京雄科技创新走廊"[1]。目前北京和雄安这一区域已经具备一定的现实发展基础，沿线已有北京大兴国际机场临空经济区、固安肽谷生物医药产业园、清华大学

---

[1] 谢良兵. 京雄科技创新走廊：中国第三条科创走廊雏形显现［EB/OL］. 详见 https://www.jiemian.com/article/2090797.html.

重大科技项目（固安）中试孵化基地、永清智能控制产业园等重大功能结点，"京雄科技创新走廊"的规划建设可以进一步推动科技、产业、企业在新的空间格局下深度融合发展。再者，"京雄科技创新走廊"的规划建设有利于促进区域性科创产业的平台效应和品牌效应，通过科学规划、合理布局，构建统一、规范的政策环境，可以加大对科研院所、重点企业、中小创新企业等市场主体，以及高端人才、创新资本等资源的吸引力，形成科技创新与产业联动发展的"生态系统"。预期建成后的"京雄科技创新走廊"将与长三角的"G60沪嘉杭科创走廊"、珠三角的"广深科技创新走廊"并列构成中国三大创新走廊，成为国家创新驱动发展的新的"三驾马车"①。

此外，努力促进北京创新资源的溢出辐射，推动重大科技创新成果在津冀转化，引领区域创新链、产业链、资源链、政策链、供应链的深度融合，加强科技成果转化服务体系和科技创新投融资体系建设，构建京津冀协同创新共同体。如以智慧城市为核心，加快布局京津冀全域应用场景建设，推动新型基础设施建设，并围绕智能制造、大健康和绿色智慧能源等领域，构建京津冀地区新的万亿级产业集群。

---

① 《北京建设创新城市形象报告》（内部资料），2019.

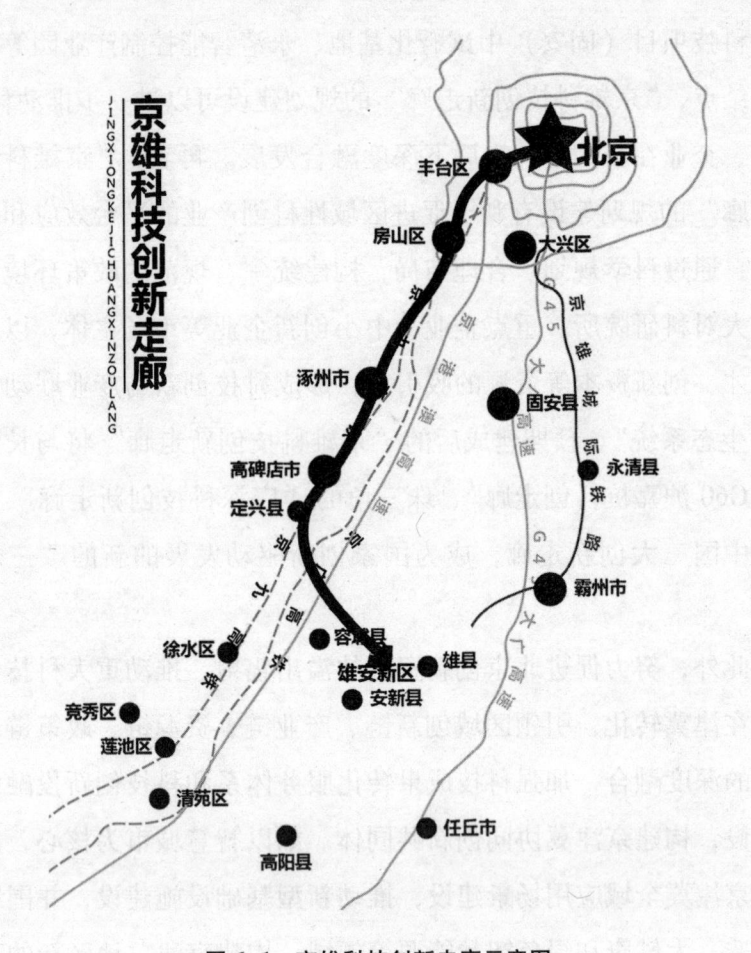

图 6-1 京雄科技创新走廊示意图

资料来源：谢良兵. 京雄科技创新走廊：中国第三条科创走廊雏形显现 [EB/OL]. 界面新闻. 参见 https://www.jiemian.com/article/2090797.html.

（六）科技赋能，引领潮流：率先探索建设北京区块链科技创新高地

科技的进步与创新是经济社会发展的决定性力量。面对竞争激烈的国际市场，技术创新已成为经济增长、产业发展和企业竞争力

提高的最主要源泉。近年来随着国家将区块链作为战略性技术，区块链再次成为社会各界特别是市场经济领域高度关注的热点。

2020年6月18日北京市人民政府办公厅印发了《北京市区块链创新发展行动计划（2020—2022年）》，其中明确要求"紧紧围绕首都城市战略定位，把区块链作为核心技术自主创新的重要突破口，全方位推动区块链理论创新、技术突破、应用示范和人才培养，打造经济新增长点，为加快全国科技创新中心建设、促进经济高质量发展提供有力支撑"，并力争"到2022年，把北京初步建设成为具有影响力的区块链科技创新高地、应用示范高地、产业发展高地、创新人才高地，率先形成区块链赋能经济社会发展的'北京方案'，建立区块链科技创新与产业发展融合互动的新体系，为北京经济高质量发展持续注入新动能新活力"。

在北京"全国科技创新中心"建设的城市战略定位下，加快推动区块链技术和产业创新发展，要注重"三个结合"。一是原创引领与需求驱动相结合。强化区块链理论研究和自主可控技术创新，推动部署社会影响大、预期效果明显的应用场景，进一步打通创新链、应用链、价值链。二是系统布局与动态调整相结合。围绕区块链基础理论、关键技术、产业发展、要素配套等方面进行系统布局，适时调整发展战略、工作重点及计划安排。三是即期投入与持续支持相结合。统筹把握区块链发展规律与阶段需求，按照长短结合的思路，建立健全差异化的财政政策机制，打造区块链创新发展的良好生态。总之，要持续探索建设北京区块链科技创新高地，力争形成区块链赋能经济社会发展的"北京方案"。

（七）智库助力，提升软实力：加强科创智库建设，助力国际科创中心发展

当前，首都北京正深入实施创新驱动发展战略，并持续加快推进全国科技创新中心建设的步伐。但是，影响全国科技创新中心影响力的因素不仅仅在于通过产业升级与转型而形成的科技创新硬实力，而且更在于提升科技创新软实力。科技创新智库作为科技政策研究、营造科技创新软实力的重要抓手，科技创新中心建设迫切需要培育和建设一批具有专业化、高水平的科技创新型智库，以提供更精准、更科学的科技创新战略咨询，进而实现以科学咨询支撑科学决策，以科学决策引领科学发展，通过服务促进科技创新活动的形成、扩散、应用、传播和价值最大化。大力发展科技创新智库是实现全国科技创新中心全国影响力的必要手段和形成北京"四个中心"全国影响力的重要组成部分。未来，在北京推进全国科技创新中心建设中，高水平科技创新智库必将承担着重要的历史任务和光荣使命。

一是首都国际科创中心战略定位要求进一步加快科技创新智库建设步伐。放眼全球，新一轮科技革命和全球产业变革的孕育兴起与深化发展，对世界经济结构和竞争格局产生了重大影响。面对百年未有之世界大变局，科技实力和创新能力在全球新科技革命和产业变革中的重要支撑作用越发凸显。时任北京市市长陈吉宁在《2019年政府工作报告》中曾明确提出："以全球化视野谋划和推动全国科技创新中心建设，塑造更多先发优势的引领型发展，有力支撑首都高质量发展和创新型国家建设。"某种意义上，首都北京全国科技创新中心建设的目标，是使其成为全球科技创新的重要中

心之一。倘若将北京科技中心的定位放到中国和平崛起的国际大视野中去考察,则会发现这是一个具有十分重要战略意义的定位。其视野不仅局限于一国范围,而是放眼世界。也就是说,北京科技创新中心建设本身即是国际化的创新中心建设。① 任何封闭的孤立于全球创新体系之外的创新都难以取得实质性的突破。

任何一个国家若要在新变局下的新科技革命中脱颖而出,除了一线科研人员的不舍昼夜的"硬实力"科研攻关外,也离不开各种类型高端智库之"软实力"的支撑与助力。作为创新思想源泉和宝库之一的科技创新智库,在新时代支撑科学决策、引领创新发展中将发挥着越来越重要的作用。如果说原始创新、基础研究、国际前沿技术等是首都强化科技创新中心、落实国家创新驱动发展战略的应有之义,那么研究与借鉴伦敦、东京、纽约等地科技创新发展实践及科创类智库建设经验、大力促进应用科学的发展和利用,对首都加快科技成果转化、加强科技支撑经济的力度、构建可持续的科技"生态系统"等均具较强的现实意义。

二是"十四五"时期首都科技创新智库应注重提升国际化、专业化和特色化水平。科技创新无疑是新时代大变局下引领世界发展潮流的核心动力,而科技创新智库的建设则是这一核心动力的不竭源泉。《北京市国民经济和社会发展第十四个五年规划和二〇三五年远景目标的建议》中明确提出"以建设国际科技创新中心为新引擎"的指导思想,这对首都大力加强"四个中心"建设和提高"四个服务"水平来说,既是一个新的起点,更意味着首都北京建

---

① 现代创新是国际化创新。北京的优势在于,北京乃国际交往中心,科技创新中心同时亦体现国际交流的特点。

设科技创新中心的愿景将更为宏大，而且在实现这一目标的过程中，必将驱动首都进一步提升国际化高质量发展的基础实力。更为重要的是，"十四五"时期首都科技创新智库建设，必须注重自身的国际化、专业化、特色化建设水准。

当前，首都的科技创新类智库，绝大多数注重本土化的决策研究与战略咨询。"十四五"时期首都国际科创中心战略定位下的新型科技创新智库建设应在兼顾本土化的同时，注重国际化与特色化的发展。具体来说，一要突出"多元化"，即科技智库的类别、研究议题、研究学科与方法等应具有国际视野下的多元化特征，如不同智库运用单一或多学科研究方法对不同国别或地区不同主题科技创新政策及其应用、人才管理机制、数据库建设甚至思想营销能力等的研究；二要坚持"专业化"，根据专业优势、团队特色，以某一学科领域或某几个学科交叉领域为立足点开展可持续的追踪研究，以最大限度影响或服务相关部门的科技决策及政策制定；三要注重"特色化"，科技创新智库作为智库的一种重要类型，主要开展科技战略政策科学研究，其职能定位、功能作用等与其他智库有所区别，如提高国家科技全球影响力、服务于国家大局的情报产品研究等。在此基础上，还应加强不同类型科技创新智库之间的交流与合作，特别是与国际智库之间的交流与合作，在比较借鉴中进一步明确自身的科学定位与发展方向。

三是以科技创新智库为载体推动首都国际科创中心政产学研用协同融合发展。借助科技创新智库协同政企校社联动发展，深化政产学研一体化融合发展，助力新时代的首都国际科技创新中心建设。在当前信息技术的加速迭代和互联网技术的巨大变革及产教深度融合的大时代背景下，实现创新到应用的完美链接，需要包含高等院校和科研机构在内的科技型智库与企业这两种力量的相互补充、通力合作。一方面，首都北京具有高端人才集聚、科技基础雄厚的天然创新优势。无论是科研机构、研发人员，还是科技企业和创新基地，乃至科技智力资源，在国内均首屈一指，完全有条件成为创新型城市和区域创新中心，而且能够发挥引领全国、辐射周边的带动作用。另一方面，进一步强化政企校社联动，深化政产学研融合发展，努力形成政府、企业、高等院校及科研机构等多元主体间的合力。此外，未来北京还应逐步建立完备的创新创业生态系统，如国际人才社区、国际学校、国际医院等"类海外"环境的营造与建设，可为打造全球科技创新企业及高端人才的首选地和北京发展的新高地创造良好氛围。[1]

打造全球科技创新高地的软实力建设，还应注意以下方面的融合发展：一是加快实施"一带一路"科技创新北京行动计划，支持高校、科研机构、企业在国际人才密集区及"一带一路"沿线国家和地区设立离岸科技孵化基地，与海外机构建立多边、双边国际科技合作平台；二是进一步支持在京高校和科研机构发起和参与全球重大科学计划，坚持办好国际性科技交流活动；三是大胆尝试面向全球布局，积极加入国际标准组织，推动重大科技基础设施及研究成果向全球开放共享。

---

[1] 原珂.科技智库助力首都科创中心建设［N］.中国社会科学报，2021-04-22（02）.

（八）优势主导，各有侧重：推进"三城一区"统筹发展形成优势合力

作为北京全国科技创新中心建设重要支撑的"三城一区"，即中关村科学城、怀柔科学城、未来科学城、创新型产业集群和"中国制造2025"创新引领示范区，是引领新时代全国科技创新发展的主要基地。依据北京城市总体规划的建设要求，首都在未来十几年，要围绕科技创新中心发展，坚持提升中关村国家自主创新示范区的创新引领辐射能力，规划建设好"三城一区"，并以此为重点辐射带动多元优化发展的科技创新中心空间格局，构筑北京发展新高地，推进更具活力的世界级创新型城市建设。

"三城一区"各自的侧重点不同，中关村科学城着力点为"学"、怀柔科学城着力点为"研"、未来科学城着力点为"技"、创新型产业集群示范区（北京经济技术开发区和顺义区）着力点为"产"。① 如何在各自优势的基础上协同联动发展，以更好地发挥"学""研""技""产"之"3+1>4"的协同作用与功效，是当前亟须探讨与着力解决的重点议题。"三城一区"作为北京加强建设全国科技创新中心的主平台和主阵地，由于各自的侧重点不同，彼

---

① 其一，中关村科学城重点在原始创新上发力，发挥高校院所和领军企业的主力军作用，灵活开展跨学科学术研究，推动校企合作，建立新型的产学研合作体系，打造原始创新策源地和自主创新主阵地；其二，怀柔科学城旨在面向世界科技前沿和国家重大需求，围绕物质、空间、地理系统、生命、智能五大科学方向，对接科研院所和创新型企业等主体，布局承接国家重大科技计划落地的交叉平台，开展基础前沿研究和关键核心技术攻关，打造世界级原始创新承载区；其三，未来科学城以应用技术为主，集成中央在京科技资源，鼓励入驻央企加大研发投入，强化重点领域核心技术创新能力，努力实现关键核心技术安全自主可控，打造大型企业集团技术创新集聚区，争取建成全球领先的技术创新高地；其四，北京经济技术开发区以科技成果中试和产业化为主，加强与"三城"对接协作，着力发展高端制造业，促进科研成果的转化和落地，培育千亿级创新型产业集群。

此之间必须协同联动发展，以形成优势主导下的集聚合力：充分发挥中关村科学城科技创新领头羊效应和主阵地作用，率先建成国际一流科学城；持续推进怀柔科学城建设，形成国家重大科技基础设施群，打造世界级原始创新承载区；进一步搞活未来科学城，推进"两谷一园"建设，打造全球领先的技术创新高地；有效提升"一区"高精尖产业能级，推动创新型产业集群示范区与"三城"科学衔接与有效对接，打造技术创新和成果转化示范区，以更好地发挥"3+1>4"的协同作用与功效。此外，还应强化中关村国家自主创新示范区先行先试带动作用，设立中关村科创金融试验区，推动"一区多园"统筹协同发展。整体来说，要持续高水平推进"三城一区"主平台和中关村国家自主创新示范区主阵地协同建设，取长补短，聚焦服务国家重大科技任务，加强原始创新、自主创新和关键核心技术攻关，推进综合性国家科学中心建设，优化创新生态，打造国际一流的创新环境。[①]

总之，科技是国之利器，国家赖之以强，企业赖之以赢，人民生活赖之以好。在日趋激烈的全球综合国力竞争中，科技的进步与创新乃是一国经济社会发展的决定性力量。特别是在当前新一轮科技革命和产业变革正在重构全球创新版图、重塑全球经济结构的新变局中，无论是建成现代化经济体系、形成绿色生产生活方式、满足人民对美好生活的向往，还是拓展新领域、开辟新赛道、培育新动能、建立新优势，都离不开强大的科技支撑，离不开高水平的科技自立自强。全面建设社会主义现代化国家，必须不断向科技创新的深度和广度进军，强化国家战略科技力量，力争让科技创新这个

---

① 原珂. 构建国际科技创新中心创新生态链[J]. 前线，2021（5）：78-81.

"核心变量"成为推动经济社会高质量发展的"最大增量"。① 首都北京应率先垂范、一马当先、走在前列，起到全国引领与示范效应，谱写好中国式现代化的北京国际科技创新中心建设新篇章。

---

① 张东刚. 深入贯彻科教兴国战略 为全面建设社会主义现代化国家提供有力人才支撑［N］. 光明日报，2022-10-31（06）.

第七章

新时代北京"四个中心"建设协同发展

"大鹏之动,非一羽之轻也;骐骥之速,非一足之力也。""四个中心"的首都城市战略定位是新时代北京发展的定向标和导航仪。统筹推进,久久为功。特别是针对怎样回答好"建设一个什么样的首都,怎样建设首都"的时代之问、解答好"首都治理体系和治理能力现代化"的重大时代课题,既是新时代党和政府的重要战略任务,也是当前北京市委市政府亟须深入思考与积极探索的现实问题。

本部分以协同思想为核心理念,在上文"四个中心"各自功能建设的基础上,系统探究新时代首都北京"四个中心"协同发展战略及其有效运行的体制机制,为建设伟大社会主义祖国的首都、迈向中华民族伟大复兴的大国首都、国际一流的和谐宜居之都打造全球世界城市新样板。

一、深化政治引领战略,充分发挥党和政府的领导协调作用

北京作为首都,在推进国家治理体系和治理能力现代化的进程

中肩负着重要职责和使命担当。毋庸置疑，在新时代"四个中心"建设首都城市战略定位中，政治中心建设居于统领地位。换言之，全国政治中心建设是新时代北京"四个中心"建设的根本与核心，也是首要任务。在"四个中心"协同推进战略中，党和政府既是领导者，也是协调者，还是监督者，正是这种多重角色的扮演使得政府成为协同推进机制中极其重要的一大主体。若其只"领导"不"协调"，就无法打通四个中心建设之间的接口，并大大降低协同绩效；而若只"协调"不"领导"，就难以带动各个中心形成"合力"，从而失去前进的方向。因此，实践中党和政府作为公共政策的主要制定者和执行者，有责任和义务统筹全局、规划未来，为社会谋发展，为人民谋幸福。北京市委市政府及相关部门，作为新时代"四个中心"建设的主要政策执行者，应积极通过政治战略引导、健全相关政策法规体系、构建灵活的体制机制及其支持平台等方式来实现"四个中心"建设间的协同合作。进一步说，政府的作用主要体现在宏观指导、政策引导、利益整合、服务保障和财政支持等方面。总之，在"四个中心"建设协同推进过程中，政府应发挥重要的引领协调作用，并通过组织化创新和优化，彻底转变传统的分工为多样化的分工合作，以进一步强化跨部门整合与协同，进而助力"四个中心"协同机制的有效运作。

诸多研究表明，协同理论在涉及跨区域公共事务的开放性、行动主体及策略的多元性、从无序到有序的治理逻辑等问题上具有很好的适应性。① 北京"四个中心"协同建设发展涉及政治、文化、

---

① 胡一凡. 京津冀大气污染协同治理困境与消解——关系网络、行动策略、治理结构 [J]. 大连理工大学学报（社会科学版），2020（2）：49-51.

科技、国际交往等不同开放领域的诸多行动主体，故更应推进从无序到有序的协同战略。某种意义上，新时代的北京"四个中心"建设具有明显的"导引协同"特征，即在多变量协同过程中，始终以"全国政治中心建设"这一变量为引导，并以此变量为依据，具有显著的单向协调信息流。这与各变量相互引导，有完整的双向协调信息流的"自行协同"① 存在较大差异。例如，北京作为中国的首都和政治中心，同时是中国对外交流的最主要窗口，能够集中对外展示中国的国家政治制度、经济实力和文化水平等。从政治上来说，在中国全面深化改革的道路中，北京建设国际交往中心，把首都的改革开放推向更高层次，可以树立新时代中国崭新的对外开放形象。

当前，随着特大城市问题的日益增多与复杂化，越来越多的共识是，大多数城市问题必须通过政府、企业、社会及民众等主体之间的协同合作来解决。城市及其治理应是一个"开放进入的社会秩序"，而非一个"有限进入的社会秩序"。因此，未来的"四个中心"协同联动建设，应在坚持政治正确的前提下，探索从"导引协同"转向"自行协同"，或者是"导引协同"与"自行协同"方案或模型的有机结合，以最大程度释放不同领域、不同主体乃至社会的整体活力。

---

① 涂序彦等. 协调学：工程技术协调学·生物生态协调学·社会经济协调学 [M]. 北京：科学出版社，2012：2.

二、深化文化载体与政治、科技及国际交往中心的融合创新发展

随着近年来"中美贸易摩擦"的不断升级演变及国际百年未有之大变局的深化发展,文化建设越发成为一国文化自信的重要彰显。本质上,文化自信作为一种更基础、更广泛、更深厚的自信,无疑是整个社会经济发展中更基本、更深沉、更持久的力量。更进一步说,文化自信是一个国家、一个民族发展中最基本、最深沉、最持久的力量。新时代的全国文化中心建设理应与一国的政治、经济、科技、国际交往等的建设结合在一起,采取以文化为载体而更为开放创新的融合发展策略。

一是文化中心与政治中心建设相辅相成,相得益彰。文化是一个国家、一个民族的灵魂。北京是世界著名古都,丰富的历史文化与五朝古都使其成为中华文明源远流长的伟大见证。新中国成立以来,政治与文化中心一直是北京重要的首都功能。党的十八大以来,北京全面贯彻落实习近平新时代中国特色社会主义思想和习近平总书记对北京重要讲话精神,按照"四个中心"城市战略定位,确定全国政治中心和文化中心建设总体框架,着力做好首都政治文化建设这篇大文章,以充分发挥首都全国政治文化中心的示范作用,为建设社会主义现代化强国保驾护航。

二是加强文化产业与科创中心的融合发展。一方面,深化文化与科技融合发展战略,不断提升文化产业影响力和竞争力。正如前文所述,首都北京在文化中心建设方面有着诸多得天独厚的优势。例如,北京市朝阳区作为国家文化产业创新实验区(简称"国家文

创实验区")①，经过多年来的探索实践、先行先试，国家文创实验区不断整合各方面资源，围绕文化产业的体制机制、政策环境、市场体系、金融服务、人才培养、发展模式等方面，针对痛点、难点问题加大改革创新力度，加快推陈出新步伐，积极构建文化产业领域全面改革创新体系，服务首都全国文化中心建设，为全国各地文化产业的发展提供了可供借鉴的"实验区经验"，形成了构建现代文化产业体系发展的"实验区模式"。与此同时，国家文创实验区紧抓数字文化产业发展机遇，深入实施"文化+科技+产业"融合发展战略，促进5G、人工智能、大数据等高新技术在文化领域的创新应用，积极构建以文化传媒、数字传播、电竞游戏等为支撑的高端产业体系，并充分借助科技手段、资本力量、贸易路径，突破了传统纯文化业态发展的天花板，激发产业内生动力，不断促进新旧动能转换，实现文化产业高质量发展。可以说，国家文创实验区的努力不仅为文化产业发展插上了"科技的翅膀"，而且为科技发展提供了最鲜活的文化内核，同时还不断在更广范围、更深程度、更高层次上推动了文化科技产业三者间的深度融合，为实现文化建设作为首都"四个中心"发展重要载体和"软实力"增长极发挥了重要作用。

另一方面，继续挖掘并充分利用北京主城六区丰富的文化资源，结合云计算、大数据、移动互联网、物联网、人工智能、区块链等新技术应用场景建设，进一步发展新媒体、数字出版、信息服

---

① 2014年，围绕首都"四个中心"城市战略定位，文化和旅游部（原文化部）、北京市采取部市战略合作的方式，以北京CBD—定福庄一带为核心承载区，共同推动建设全国首个国家文化产业创新实验区。

务、网络视听、短视频、3D打印、艺术品网络交易等文化科技创新融合产业。与此同时，积极探索围绕网络视听、虚拟现实、创意设计等新兴领域，建立文化科技企业信息库，支持文化科技骨干企业做大做强，促进形成具有首都特色的文化科技融合创新产业集群发展。

三是强化文化中心与国际交往中心协同发展，建设面向世界的文明交流互鉴首要窗口。紧紧围绕党和国家工作全局和对外发展战略，立足我国发展新的历史方位，对接国际交往中心建设，讲好中国故事，讲好北京故事，把阐释推介当代中国价值贯穿于国际文化交流、文化传播和文化贸易的方方面面，把北京建设成为世界东西方文明交流互鉴的首要窗口[1]，展示伟大社会主义祖国的首都、迈向中华民族伟大复兴的大国首都和国际一流的和谐宜居之都的良好形象。

四是深化政治、文化、科技与国际交往中心四者间的融合创新发展。作为我国政治中心、文化中心、科创中心和国际交往中心的首都北京，每年都会举办多次大规模的、涉及诸多领域的国际性会展节事。这些会展节事是传播北京政治、文化、科技等国际形象的有效平台和良好渠道。在此基础上，有计划、有目的地加入科技文化创新元素，将大大增加北京京味文化和科技创新形象的曝光度，既有利于首都北京整体城市形象的提升，也有助于新时代首都北京城市发展战略的贯彻落实。总之，要将文化中心建设融入全国政治中心、国际交往中心和科创中心建设之中并促成产生首都协同治理的化合反应。这也意味着要充分发挥文化影响力、凝聚力、感召

---

[1] 《北京市推进全国文化中心建设中长期规划（2019年—2035年）》。

力，更好地融入和支撑全国政治中心、国际交往中心、科技创新中心建设，把首都文化资源优势转化为首都发展势能。

三、深化科创引擎与国际交往中心建设的互促战略

科技创新是推动社会发展与文明进步的关键动力。新时代首都北京国际科技创新中心的构建极其重要，不仅有利于借助北京既有资源优势加速创新型国家的建设进程，而且能够在这一进程中不断提升科研能力，进而提升在国际社会的竞争优势。从政治经济学视角来看，先集中力量加强一个城市的建设对国家发展是有利的。政治中心和经济中心合二为一是日本首都东京成为世界级的国际交往中心城市的一个重要原因。在北京，政治中心与科技创新中心的协调发展亦有异曲同工之妙。纵览日本首都东京国际交往中心城市的建设发展历程，不论是副都心商务区的建设，还是会议、会展中心场馆建设，都是在政府规划及投资下开发完成的。因此，政府规划主导，由国家进行集中投资与开发建设，是东京成为世界级国际交往中心城市的主要发展模式。[1]

深化科创引擎与国际交往中心建设的互促战略，一是要相互借力，协同推进国际科技创新中心与国际交往中心建设的融合发展。一方面，坚持以软硬条件建设、内外部要素集聚、信息化手段支撑为配套，构建人性化、多元化、数字化国际交往中心。具体来说，要加强国际交往中心配套资源和环境建设；构建友好型的国际语言标识系统、社会保障机制、开放包容的文化氛围等软硬件环境；加

---

[1] 刘波等."一带一路"背景下的北京国际交往中心建设[M].北京：中国经济出版社，2017：182.

强与知名国际组织的合作，引进和培养专业的外事服务人才，发挥首都高校集聚的优势，通过高校与国际组织联合培养等方式，培养精通国际交往规则的外事人才队伍；以大数据、云计算等新技术为支撑，开展国际组织、重大国际交往事件等跟踪管理，建立国际交往数据库，为国际交往中心建设提供基础数据和决策支撑。[①] 另一方面，坚持以吸引国际组织、跨国企业集聚和加强国际技术转移枢纽建设为支点，深度融入国际交往和全球创新网络。突出重点，分类施策，吸引各类国际组织落地生根、发展壮大，深度融入国际交往网络；加快国际技术转移枢纽建设，融入全球创新网络；依托"三城一区"建设，提升国际化研发及服务功能，吸引跨国企业研发机构入驻，推动国际科技合作基地建设，加强国际联合攻关和科研设施共享，全力打造链接全球创新网络、聚集全球创新资源的关键枢纽。

此外，应积极动员并发挥在京科技经贸领域外交官员的作用。当前我国与全世界180多个国家建立了外交关系。这些国家的驻华外交官中，负责科技经贸的外交官负有调研我国创新动态的职责，他们的调研报告对在国际上树立北京城市科技创新形象价值甚大。因此，应尝试定期组织这些外交官员参观、座谈、研讨北京创新实践案例，为他们的调研提供必要的条件。在主流媒体上开辟专栏，鼓励他们发表介绍、评论北京城市科技创新的文章，以借用外交官渠道，不断扩大与提升北京的国际影响力。

二是筑巢引凤，打造国际创新人才高地，加快推进北京国际人

[①] 李军凯，张红，孙艳艳. 加快推进北京国际交往中心建设［N］. 经济日报，2019-11-22.

才社区建设。习近平总书记曾指出，"环境好，则人才聚、事业兴"。一流的用人环境，需要感情留人、事业留人和待遇留人。只有"筑好巢"，才能引来"金凤凰"。一流的平台集聚一流的人才、孕育一流的成果，最终才能实现一流的创新。北京应以一流的平台、政策、环境等助推国际创新人才高地建设，加快推进国际人才社区建设，为推进国际交往中心、科技创新中心建设"筑巢引凤"。首都国际人才社区是北京着力打造的优化发展环境、吸引国际人才的创新品牌，也是以人才工作促进城市更新发展、提升广大市民生活品质的探索和尝试。2017年，北京市人才工作领导小组出台了《关于推进首都国际人才社区建设的指导意见》，首次在全国提出国际人才社区概念，确定了有海外氛围、有多元文化、有创新事业、有宜居生活、有服务保障的建设目标，为国际人才在京发展营造拴心留人的环境、提供美好的生活，着力增强国际人才的认同感和归属感。北京国际人才社区建设启动以来，现已形成朝阳望京、中关村科学城、未来科学城、新首钢、通州、顺义、怀柔科学城、经济技术开发区8个国际人才社区，并纳入了党中央、国务院批复的《北京城市总体规划（2016年—2035年）》，成为北京推进国际交往中心和科技创新中心建设的重点任务。

调研发现，经过3年来的建设与发展，首都国际人才社区理念不断强化，海外院士专家工作站、未来论坛、海高大厦等一批发展平台有序落地，国际人才公寓、学校、医院等一批重点项目加速建成，取得了一定成效。在此基础上，为进一步提高社区建设的科学化、专业化水平，市人才工作领导小组办公室委托北京市建筑设计研究院与清华大学组成课题组，先后深入8个国际人才社区开展3

轮调研，对比研究了美国、日本、德国、新加坡等近30个发达国家或地区的建设经验，反复征求了28个市级有关部门的意见，编制完成了《首都国际人才社区建设导则（试行版）》（以下简称《导则》），已由市规划自然资源委和市人才办联合印发实施。《导则》是推进国际人才社区建设的权威标准和主要依据。具体来说，该《导则》通过"1+3+9"的核心内容体系实现"类海外"环境的建设目标，是全国首个国际人才社区建设导则，实现了国际人才社区建设工作中的重大突破。《导则》规划的整体思路是：对标国际，找准标准；找准问题，明确需求；找准短板，明确方向；找准差异，明确路径。按照《导则》的规划思路，制定了"1+3+9"顶层设计，即"一个中心、三大坐标、九大场景"。"一个中心"即以国际人才需求为中心，坚持需求导向，实现类海外生活氛围。"三大坐标"指实现社区建设的国际化、生态化与数字化的建设理念。"九大场景"涉及宜居社区、邻里交往、教育文化、创新事业、医疗健康、交通网络、生态低碳、服务配套、管理治理九大路径，以此打造全功能的国际人才社区泛生态圈。"泛生态圈"国际化社区指的是以核心工作区（创新、科技、金融等）为中心，向四周辐射，激发国际人才创新创业活力，满足国际人才生活工作需求的环绕式生态系统。显然，国际人才社区已不仅仅是"住"的社区，而是一种全新理念。

【延伸案例】首都新首钢国际人才社区建设[①]

百年首钢是中国近代工业文明的重要发祥地之一。新首钢国际人才社区（核心区）主要指首钢北区的公共服务配套区，占地面积39.2公顷，地上总建筑规模约63.9万平方米。

新首钢发展要立足城市复兴，即指文化复兴，生态复兴，产业复兴，活力复兴，通过"四个复兴"打造"新时代首都城市复兴新地标"。新首钢国际人才社区设计建设对标国际标准，紧密结合《首都国际人才社区建设导则（试行版）》，抓住2022年北京冬奥会契机，保护风貌、传承文化、修复生态，目前已成为新时代首都城市复兴的新地标。

首先，采用新旧织补的方法全面提升工业遗存转化率。新首钢国际人才社区设计应注重保护延续老工业文化脉络，将"保护式修补""生长式修补"与"整体风貌协调"三种方式灵活运用，全面提升工业遗存转化率。设计注重保护延续老工业文化工业厂房、部分烟囱、转运站、皮带通廊等工业遗存，通过不同的保护、改造手法，进行空间创造与功能提升。

新首钢国际人才社区分为北区融结院和南区八库里。北区融结院的烧结厂房是首钢的鲜明标志，未来将成为热

[①] 完善顶层设计 营造"类海外"环境——《首都国际人才社区建设导则（试行版）》解读[N]. 北京日报，2020-06-11.

烈的庆典广场。在设计中利用织补设计手法保留工业建筑，通过建筑体块互相嵌套错动，与旧建筑各种加建元素的错动形成呼应。新建办公与公寓的景观面大多面向中心遗址公园，保证人才公寓居住品质。南区八库里以空间低密度、建筑低高度、街区小尺度为设计理念。新增的1~2层高退台裙房与保留区域围合成步行网络与广场，以穿插织补后的原八库建筑为活力中心，私密性更强的公寓新建筑在外围，形成围合组团。

其次，实现小街区密路网街区模式，构建立体慢行交通系统。通过完善的步行网络，地下地面空中人行、车行互联互通，公共服务场所和开放空间的布置，地铁公共交通零换乘的便利性，让人们在园区内各个功能地块之间更便捷、舒适地到达目的地，打造"小街区、密路网"无缝街区。地下空间规划实现停车地下化，公共空间地下化，综合管廊地下化。创新采用空中步道体系，设计融入首钢山水环境特色，兼容国际高线公园特点，汇聚多种特色文化资源，打造世界第一空中走廊。

再次，注重公共空间的品质提升，打造绿色首钢未来社区。在设计方案中充分考虑城市空间场所的营造，如广场、庭院、台阶等，这些多样化的场所为人们提供了不同尺度的空间体验。项目以自然地理环境和气候条件入手，对场地的温湿度、风力、太阳能资源、降雨进行分析，以被动式技术为主，主动式技术为辅，实现绿色建筑高标准设计，创造一个环保型、智慧型的未来社区。

三是充分发挥海外华人的作用。"中国首都"是国际上对北京的第一印象，也是最重要的印象。随着这一印象而来的是北京市政治中心。而北京的旅游形象通常以"皇家文化"为突出特征，这让其他国家的人们容易忽略北京的科技创新资源和科技创新中心的功能定位。加之北京缺少数量众多的国际知名企业，更加大了他国人士理解北京科技创新地位和创新行动的难度。对此，或许生活在外国的华人是改变这种状况的重要补充力量。所以，要充分发挥在外华人的作用，让在外华人充分而深刻地理解北京的创新定位、创新行动、创新作用和创新意义，让其成为北京城市创新形象的自觉传播者，北京汇聚全球优质创新资源的主动参与者。

四、深化教育作为"四个中心"协同推进战略支撑点

基于纷繁复杂且变化多端的世界态势，我国要在国际竞争与合作中赢得主动，为实现第二个百年奋斗目标、实现中华民族伟大复兴的中国梦奠定更加坚实的基础，归根结底必须依靠科技驱动、依靠人才支撑、依靠教育助力。作为大国之都，北京重任在肩。时任北京市委书记蔡奇在北京市教育大会上反复强调，教育贯穿于首都城市战略定位之中，是加强"四个中心"功能建设、提高"四个服务"水平的重要基础和支撑力量。[①] 时任教育部部长陈宝生也曾明确指出，北京要进一步聚焦中央关心、社会关注、百姓关切的教育问题，紧紧围绕"四个中心"功能建设需要，大胆探索、继续创新，提升教育服务经济社会发展能力，努力办好人民满意的教育。

---

① 蔡奇. 北京市教育大会讲话 [Z] . 2018-10-18.

如何树立和贯彻落实新发展理念,全面准确认识教育在北京"四个中心"功能定位及城市现代化建设中的重要地位,是新时代首都教育改革与发展必须面对的重大课题。

教育现代化是首都现代化的先导,首都全面现代化是国家现代化的重要引擎。到2035年实现高水平教育现代化,是21世纪中叶北京建成国际一流和谐宜居之都的必然要求。那么,"十四五"时期则必然是首都北京落实城市"四个中心"战略定位、实现高水平教育现代化的关键时期,尤其是在新时代国内外环境的共同影响下,北京教育的改革发展面临前所未有的新需求、新挑战、新机遇。① 为此,要积极探索服务"四个中心"建设的首都教育发展与变革的战略支撑点。鉴于这不是本研究主题的核心内容,故点到为止。②

五、深化"四位一体"战略下的系统性、整体性、协同性推进

从根本上来说,"四个中心"协同建设的要义,就是要促进"四个中心"功能定位与建设上的深度整合、紧密合作,集中优势力量联合攻关,通过全面开放、深度合作,实现价值创造、协同推进。

一是始终坚持将迈向国际一流的和谐宜居之都作为"四个中心"建设的核心目标。首都是汇集各国人士、备受世界瞩目的国际

---

① 方中雄,桑锦龙等. 北京教育发展研究报告(2018年卷):"四个中心"建设与首都教育新使命[M]. 北京:知识产权出版社,2019:215.
② 相关研究成果,可参考方中雄,桑锦龙等. 北京教育发展研究报告(2018年卷):"四个中心"建设与首都教育新使命[M]. 北京:知识产权出版社,2019.

大都市，以国际一流的和谐宜居之都为建设目标，就要以大国首都的胸怀和姿态，向世界展示中国城市文明发展、国际交往和科技创新的最高水平。本质上，协同对首都北京建设国际一流和谐宜居之都来说非常重要。北京要走协同发展之路，从整体大局来看，以首都城市战略定位作为城市发展方向，突出首都主要职能，平衡城市功能，增强发展的整体性、协同性和持续性，实现政治、文化、国际交往与科技创新的协同有序发展。

二是始终践行首都北京的一切工作必须坚持"四个中心"的城市战略定位，而且其核心功能是实现"四个中心"的协同发展。一方面，"四个中心"是一个整体、一个有机系统，其建设需要协同推进。如前文所述，"四个中心"的建设是一体化的，要积极创设条件并深入推动"四个中心"建设联动发展。另一方面，"四个中心"建设要注重系统性、整体性和协同性推进。这里主要是指"要更加注重改革的系统性、整体性和协同性"，要通过一揽子顶层设计，统筹推动科技、人才、投资、金融、财税、教育等多领域协同改革。以北京建设国际科技创新中心为例，不仅需要牢牢抓住科技创新中心在"四个中心"整体功能发挥中的引擎作用，还要充分认识到其建设发展的"催化"功效，即如何正确处理科技创新中心与其他"三个中心"的关系。一是要充分利用北京在历史发展中积淀和形成的文化底蕴、政治吸引及国际交往等功能，保障科技创新的不竭动力及持续繁荣。二是要用科技创新的持续繁荣，来进一步丰富和提升全国政治中心、文化中心和国际交往中心的内涵和质量，扩大国际交往中心的影响，增强政治文化中心的能级，巩固首都北京城市高质量发展的优势。某种意义上，这也是科技创新中心建设对其他"三个中心"建设的"加速度"作用。总之，北京应在全球化加速发展的大背景、大视野下，结合北京城市发展需求，最大限度地发挥"四个中心"建设的整体功能，以保障首都各项工作统筹协调，持续提升国际影响力。

结　语

　　首都北京，是一座拥有 2100 多万人口①的世界超大型城市。作为大国首都，北京不仅是全国政治中心、文化中心、国际交往中心和国际科技创新中心，也是京津冀协同发展战略打造世界级城市群的核心，还是建设雄安新区这一"千年大计、国家大事"的首要推动力，更是向世界展示中华文明与社会进步的重要平台。在此大背景下，一方面，"十四五"时期是我国开启中华民族伟大复兴的中国梦的重要时期，也是北京落实首都"四个中心"城市战略定位、实现创新驱动高水平、高质量城市建设与发展的关键时期；另一方面，北京"四个中心"建设及其协同推进战略也将面临前所未有的新需求、新机遇和新挑战。但不论如何，首都北京，作为我们伟大祖国的象征和形象，是全国各族人民向往的地方，是向全世界展示中国的首要窗口，始终备受国内外高度关注。新时代首都北京发展

---

① 北京作为全国第一个提出减量发展的超大型城市，北京市常住人口自 2017 年以来逐年减少，2021 年年末为 2188.6 万人，其中首都功能核心区人口较 2013 年减少 41.4 万人，中心城区常住人口占比 50.1%，较 2013 年下降 9.5 个百分点。陈雪柠. 党的十八大以来，"四个中心"功能建设全面增强——新时代首都发展实现历史性跨越［N］. 北京日报，2022-09-23.

的全部要义，就是大力加强"四个中心"功能建设、提高"四个服务"水平，实现"四个中心"同频共振，形成合力。首都北京应不断强化责任使命与担当精神，勇于开拓，把北京的事情办好，把党和国家交予的历史使命圆满完成。

总之，风云激荡的世界，发展鸿沟难弥，经济危机频现，人类社会未来将面临的风险和挑战或许还会增多。但是，人类追求和平、创造幸福的梦想不会改变，各国携手共谋发展的脚步不会停滞，以首都北京"四个中心"建设为核心代表的中国城市高质量发展方案及中国智慧在支持和推动世界城市发展与经济全球化进程中必将产生重大而深远的影响。